全面捕捉

静女天天◎著

儿童敏感期

Children's Sensitivity Period

文汇出版社

图书在版编目 (CIP) 数据

全面捕捉儿童敏感期 / 静女夭夭著 . — 上海 ： 文汇出版社 , 2019.4
ISBN 978-7-5496-2836-0

Ⅰ . ①全… Ⅱ . ①静… Ⅲ . ①儿童教育－家庭教育
Ⅳ . ① G782

中国版本图书馆 CIP 数据核字 (2019) 第 061904 号

全面捕捉儿童敏感期

著　　者 /	静女夭夭	
责任编辑 /	戴　铮	
装帧设计 /	天之赋设计室	

出版发行 / **文匯**出版社
上海市威海路 755 号
（邮政编码：200041）

经　　销 /	全国新华书店
印　　制 /	三河市龙林印务有限公司
版　　次 /	2019 年 4 月第 1 版
印　　次 /	2019 年 4 月第 1 次印刷
开　　本 /	710×1000　1/16
字　　数 /	153 千字
印　　张 /	15
书　　号 /	ISBN 978-7-5496-2836-0
定　　价 /	38.00 元

序：
儿童的敏感期，父母也要"敏感"

作为0～6岁的儿童，在成长过程中的某些时间段里，他只对环境中具有某项特质的事物有所专注，而会拒绝接受具有其他特征的事物。他还会对某些行为产生强烈的兴趣，而这不需要任何特定的理由，并且还会不厌其烦地重复这些行为，直到有一天内心突然爆发出某种新的动机为止……

儿童教育家蒙台梭利指出，儿童心里有一股无法抑制的动力，驱使他对自己所感兴趣的特定事物产生尝试或学习的狂热，然后以一种惊人的方式自然而然地吸收。而当一种热情耗尽之后，另一种热情就会随之出现。

这个阶段叫作"儿童敏感期"。

敏感期不仅是儿童学习的关键期，也是影响其心灵、人格发展的重要时期。

遗憾的是，当处于敏感期的孩子表现出某种行为特征时，很多父母不是没有发觉，而是觉而不察，或者觉而不知——不懂如何进一步帮助孩子，以致错失教育他的良机。

有些家长甚至以为这是孩子淘气的表现，还对他的"不当"行为进行批评，让他刚刚进入敏感期的幼小心灵无法充分体会成长的美好，以致变得胆小、孤僻，不再有勇气去探索未知的世界。

　　所以，家长必须细心观察处于敏感期的孩子，这样才能在第一时间捕捉到他的内在需求。当你发现孩子对某项事物充满好奇和探究的心理，或对某种活动乐此不疲时，首先要想到的是，孩子是不是到了敏感期。

　　此外，儿童是由许多敏感期组成的。

　　0～3岁为被动式敏感期阶段，在本能的驱使下，孩子会被动地感知周围的事物。

　　3～6岁则为主动式敏感期阶段，这时，孩子已经能够按自己的意愿来表达或者做事。所以，这是儿童敏感期最重要的阶段，他的很多能力都会由此走向成熟。

　　关注并把握好儿童的0～6岁敏感期，帮助他健康地成长是父母的必修课，这也决定了孩子今后各方面能力的发展水平。然而，每个孩子的敏感期不完全相同，很多敏感期一旦错过通常就不再出现，这就需要父母也要足够"敏感"。

　　在儿童发展的关键时期，父母不仅要敏感地觉察，还要正确地引导。捕捉儿童敏感期的成长密码，有针对性地对他施加教育，给他充分的爱和自由，让他按照客观规律健康快乐地成长，这显得尤为重要。

目 录
Contents

第五章　抓住敏感期，开启天赋之窗

第六章　不想错过敏感期，家长要这样做

第 一 章
儿童 3 ~ 6 岁敏感期的九大类型

1.语言敏感期：引导孩子说，更要听孩子说

2.动作敏感期：放手让孩子去做

3.感官敏感期：不要打扰孩子感知外面的世界

4.社会规范敏感期：教孩子遵守社会规范，轻松地和他人交往

5.阅读敏感期：让孩子爱上阅读

6.书写敏感期：写写画画是孩子的另一种语言

7.秩序敏感期：给孩子提供有序的环境，满足其秩序感

8.文化敏感期：丰富孩子的人文知识

9.细微事物敏感期：不打搅，不越权

1. 语言敏感期：引导孩子说，更要听孩子说

很多家长发现，孩子大约在 3 岁左右时经常会语出惊人——他常常会说出一些莫名其妙的话，让人感到惊讶。

这个年龄段的孩子，已经经历了咿呀学语的最初阶段，他们从对语言的模仿开始转向关注语言的美妙，由此对语言表达的意思更感兴趣，这主要表现在他们会重复或模仿别人的话。

这时，他们总是会把大人说过的或者从电视里学来的话，一遍又一遍地使用在他们认为恰当的语境中。而且，到了 4 岁以后，有些孩子会喜欢说脏话，甚至"诅咒"别人。

其实，这都是孩子语言敏感期的表现——他们开始意识到语言是有力量的，并且会学习用语言进行交流，或去解决问题。

有一次，4 岁的骁骁对妈妈说："妈妈，等春暖花开的时候，我们就可以出去玩了。"

妈妈回答说"是"，然后问他："你知道什么叫春暖花开吗？"

骁骁说："就是天气暖和的时候。因为幼儿园老师说，春暖花开的时候我们可以去春游。"

晚上看电视时，骁骁又说："妈妈，我对《海底小纵队》有感情了，我不能抛弃它。"

"你知道感情是啥意思吗？"

"就是喜欢的意思呗！"

骁骁边吃着饭，边说："我觉得喝家里的水有一种嘤嘤感。"

"什么叫嘤嘤感啊？"

"就是蜜蜂感。"

妈妈笑着说："我们家里的水有种可乐感。"

有人说，孩子天生就是诗人。3 ～ 6 岁的孩子处于语言敏感期，有时候更像能出口成章的诗人。这时，如果家长能让孩子处在良好的语言环境之中，他便能轻松自如地学好某种语言。但是，语言敏感期具有阶段性，如果错过了，将不再回来。

4 岁左右，孩子的神经系统发育已完成了 95%，也是他们语言发展的里程碑时期，这时，他们的词汇量增加了，口语和书面语会得到迅速的发展。

据统计，3 岁孩子的词汇量可达到 800 ～ 1000 字，4 岁孩子的词汇量可达到 1600 ～ 2000 字，5 岁孩子的词汇量可达到 2200 ～ 3000 字。这表明，4 ～ 5 岁是孩子积累词汇量的最佳时期。对此，家长可以有意识地记录孩子的童言稚语，等他长大了，会发现这是一笔宝贵的回忆。

专家建议，当孩子处于语言敏感期时，家长不仅要引导他说话，更要听他说话，同时要适当地对他进行阅读训练——从识字积木、识字卡片到图画书等，让他开始学习语言知识。

这不仅是提高孩子语言表达能力的重要途径，也是帮助他获取外界信息、训练思维、发展想象力的重要手段。

2.动作敏感期：放手让孩子去做

其实，从孩子第一眼看到这个世界开始，他便已经进入了动作敏感期。无论是婴儿握着伸展不开的小拳头忍不住地往嘴里送，还是之后爬行、翻身、走路的训练，他成长的每一步都离不开动作的训练。

儿童的动作敏感期贯穿于 0 ～ 6 岁，对此，家长要充分让孩子进行运动，使他的肢体动作越来越正确、熟练，并帮助他的左、右脑均衡发展。

除了大肌肉的训练外，教育专家蒙台梭利更强调小肌肉的练习，即手眼协调的细微动作教育。这不仅能帮助孩子养成良好的动作习惯，也能帮助他的智力发展。

一般而言，从 3 岁开始，孩子就可以独立完成奔跑、跳跃等"高难度"动作。所以，诸如踢球、跳绳、荡秋千等运动项目，也就能逐渐对他进行最基本的训练了。但由于他的自控、判断和肢体协调能力仍处于发育阶段，所以家长不能急于求成。

这也是家长最辛苦的一个阶段，他们需要寸步不离地伴随在孩子左右，因为一不留神就可能导致孩子出现意外。但是，这绝不能成为父母限制孩子自由活动的理由。

　　孩子慢慢地学会了自己穿衣服，自己吃饭，自己组装积木……动手能力越来越强，在生活中几乎不需要家长太多的帮助了。

　　处于动作敏感期的孩子，会开始有意识地使用工具，这也是他们建构专注品格的最好机会。孩子会变得爱乱涂、乱贴、乱剪等，所以，家长在家里要为他准备充分的材料，让他自由地完成涂、贴、剪等游戏。

　　从身体发育的角度来看，这也是孩子训练小手肌肉和手眼协调的一项重要工作。

　　也有一些孩子动手能力稍弱，很多事都需要大人完全代替他们完成。这其实不是孩子的问题——他们并不是不想自己去做，而是在最开始尝试动手学习能力的时候便被父母遏止了。

　　所以，对处于动作敏感期的孩子，家长要学会放手，让他自己去做，尊重他的每一个动作，尽量不制止他的行为举止——他在遵循着自然法则生长，通过不断的尝试，他会成长为自力更生的个体。

　　作为父母，我们可以对孩子的动手能力进行启发和引导，但没有权利扼杀他的动手能力，也不能完全代替他去完成某一项动作。

　　家长要时刻提醒自己：这是孩子的事，他有自己动手学习的权利，更有犯错的权利。

3.感官敏感期：不要打扰孩子感知外面的世界

从出生起，孩子就会用视觉、听觉、嗅觉、味觉、触觉、知觉等六觉来熟悉、了解环境和事物。

3岁前，孩子对周围事物的感觉会很模糊，只是有一个大致的了解，所以会透过潜意识的"吸收性心智"进行感触。3岁后，孩子各个感觉器官的发育加快，会进入感官敏感期。这时，他的六觉就会变得异常敏感，对周围事物的认识也会进入一个崭新的层面。所以，3～6岁的孩子能更具体地通过感官分析、判断周围的事物。

研究表明，2.5～3岁是孩子大小知觉发展的敏感期；3岁左右是方位知觉发展的敏感期；3～6岁是观察力发展的敏感期。

3～6岁的孩子处在各种敏感期，这时，如果不让他们进行充分的感知活动，长大后不仅难以弥补，而且还会使他们整体素质的发展受损。

都说眼睛是心灵的窗户，其实，各种感官对智力的发展都具有非常重要的作用。所以，感知训练与智力培养密切相关。

感知是人们所有认知活动的开端，人们接受信息就是靠感知进行的。感知是记忆、思维、想象等高级认知活动的根本，也就是说，感知能力发展得越充分，记忆储存的知识经验就越丰富，思维和想象发展的空间和潜力就越大。

因此，家长要通过多种手段促进孩子各方面感知的发展，积极引导他通过感知去认识和探索世界。

当孩子处于感官敏感期时，家长需要做的就是不要打扰他，不要以成人的想法去揣测他的感受。比如，当感官敏感期到来时，孩子可能会非常喜欢触碰物体，他几乎是见圆的东西就拧、见方的东西就按、见线就拽、见洞就挖……另外，他还会喜欢把某件东西，比如盒子不断地打开然后关上——总会不厌其烦地反复做相同的动作。

这时，为了向大人显示自己的力量，孩子还会经常破坏东西以引起关注。家长要为孩子提供相应的环境和条件，允许他去拆自己喜欢的东西，准许他去玩自认为合适的东西——只要没有危险就可以。

有时候，家长自认为能吸引孩子注意力的事物是鲜艳的色彩、震耳的声音等，但这通常会被孩子忽视。孩子之所以没有被家长提供的东西吸引，那是因为他看见或听见了其他自认为更有意思的事物。很多时候，这是家长注意不到的。

在感官敏感期，孩子会以他独特的方式从环境中感知对事物的印象。但是，他的观察力跟成人完全不一样——他总是喜欢关注事物最微小的细节，在他看来，大人对待世界总是不够专心。

所以，家长要相信孩子的感知力，在生活中随机地引导他运用

五官感受周遭的事物。尤其当他充满探索欲时，只要是不具有危险性或不侵犯他人、他物时，要尽可能地满足他的需求。

4. 社会规范敏感期：教孩子遵守社会规范，轻松地和他人交往

到了2岁半左右，孩子就不再像之前那样以自我为中心了，他会开始关注周围的人和事，变得喜欢结交朋友，喜欢去人多的地方凑热闹。

这时，很多孩子开始进入社会规范敏感期，他们会变得喜欢跟小朋友一起玩，就算是不认识的孩子，他们都能很快地融入进去，成为其中的一员。

当孩子有了这样的表现时，家长就要多带他外出，给他提供更多的与其他孩子交流的机会，同时教会他一些简单的社交礼仪与行为规范。

进入社会规范敏感期的孩子，会逐渐脱离以自我为中心的心理模式，对群体活动有更为明显的兴趣倾向，与小伙伴之间的关系也会有长足的发展，对一些社会规范更会表现出浓厚的兴趣。

这个年龄段的孩子更喜欢模仿，不管看到别人有什么样的行为

举止，他都会充满激情地去模仿。对此，家长要有意识地融入一些社会行为规范的教育元素，促进孩子在社会化发展进程中全面提升他的社交能力，防止他将来出现自私、依赖性太强等问题，让他成为一个懂规矩、有分寸而又乐于分享的孩子。

那么，家长要怎么做呢？

一、细心捕捉孩子的敏感期，为他创设丰富而适宜的社会性环境。

每个孩子敏感期的出现时间并不完全相同，因此，家长只有细心地观察他的内在需求和个性特质，才能有的放矢地实施相应的教育方法。

对于 3 岁左右的孩子，家长要特别关注他的社会性行为。以往，孩子对父母的要求可能会不理解、不采纳，但到了 3 岁以后，他就会逐渐遵循父母的要求去做事。这说明，他在调整自己的行为，以期与周围的环境、规则相适应。

在社交方面，也是如此。

孩子 1 岁时，自我中心意识很强。在 2 岁以后，他会开始关注同伴的行为。当他有模仿行为或是简单的交流、交往愿望时，说明他的社交敏感期真的来到了，家长要给予相应的关注。

家长要知道，孩子的社交知识的获得与社交能力的发展，是在实践中完成的。但是，很多孩子缺少玩伴，或者说缺乏与其他孩子交往的机会。因此，家长要帮助孩子有意识地创造丰富而适宜的社交环境。比如，带他到社区活动场所玩，或带他去亲戚朋友家与更

多的小朋友交往。

满足孩子人际交往的需求，让他在与同龄伙伴的交往中学会谦让、协商、合作等多种社会性技能，这是成功家教的基本点。

家长还要带孩子参加社会性活动，如聚会、参观、演出等。在这些活动中，帮孩子建立明确的生活规范、日常礼节，这样能让他在日后会遵守社会规范，养成自律的好习惯。

二、利用偶发事件适时协助孩子，而不是去干预他。

社会能力的形成过程，是孩子的自我心智与社会规范相互作用的过程，也是他根据理解、接纳社会规则而不断进行自我调适的过程。

所以，在社会行为中，会有许多矛盾、冲突等事件发生。比如，孩子会与小伙伴争抢玩具；会因为保护一个好朋友而与其他小朋友打架；等等。

这些偶发事件，都说明孩子有社会发展的需求，但由于他的能力尚在发展中，他会因为不能恰当地理解和使用规则而备感困扰。

这时，家长一定不能盲目地替孩子把问题解决掉，要与他共同讨论解决问题的最好策略，帮助他理解、接纳、确立适宜的社会规范，让他学会解决社会规范出现了问题的能力，获得移情、利他等社会性技能。

同时，在对具体事件的处理中，家长还要为孩子提供宽松、民主的生活环境，让他自己去做事，并适时地予以协助、指导，而不要过多地干预。

社会性行为需要孩子在具体的社会事件中亲自体验，并自我建构社会性经验。所以，当孩子处于社会规范敏感期时，家长要适时地引导他，而不是盲目地进行干预。

5. 阅读敏感期：让孩子爱上阅读

教育家马卡连柯曾经说过："教育的基础主要是在孩子 5 岁以前奠定的，它占了整个教育过程的 90%。"

很多家长抱怨自己的孩子不愿意阅读，其实，有时候这只是因为孩子错过了阅读敏感期。

研究表明，大多数孩子的阅读敏感期出现在 4～5 岁，而相比 6 岁前，6 岁后孩子很难养成阅读的兴趣和习惯。所以，6 岁前也称为儿童阅读黄金期。

当孩子出现以下表现时，家长一定要注意了，这是因为他的阅读敏感期已经来了——

无论什么书都喜欢拿来翻看，而且，无论是否看得懂都会一本正经地看，喜欢看的书还会反复去翻看；

喜欢到有书的地方去，比如自家的书柜、图书馆、书店，而且会看个不停，翻翻这本，翻翻那本；

喜欢听故事，大一点的孩子还会自己编故事；

处于认字阶段的孩子或者大一点的孩子，喜欢指着书上的字去读，即使不认识的字他也会编个音节读出来……

家长别忘了，在孩子的阅读敏感期出现之前，还有一个环境因素的影响，以及量的积累。那么，当孩子到了阅读敏感期，家长要如何培养他的阅读兴趣呢？

一、家里要有阅读氛围。

想让孩子养成阅读的习惯，父母是最好的榜样。如果父母每天都读书，孩子自然会受到熏陶。

为了让孩子养成阅读习惯，家长最好在家里提供读书环境。比如，为孩子提供读书的小房间，并且保证他不会被打扰，特别是要有适合他阅读的童书，这样更有助于他养成阅读的兴趣和习惯。

人的兴趣不是天生的，而是在客观环境的影响以及在一定需要的基础上，通过社会实践形成与发展起来的。同样，孩子阅读兴趣的产生、发展，与家长的引导、培养是分不开的。

如果家长根据儿童心理的特点，以及阅读形成、发展的规律，采用多种方式有意识地培养和激发孩子的阅读兴趣，那么，再艰巨的阅读任务对他来说也会变得轻松愉快起来，他甚至会把"苦读"变成"乐读""趣读"。

当然，培养兴趣很重要，郭沫若也如是说："兴趣能使我们的注意力高度集中，从而使得人们能够完善地完成自己的工作。有了兴趣，就会去勤学苦练，就会对一个人的成就发生作用。兴趣是可以培养出来的。"

二、适当地激励孩子。

一开始阅读的时候，孩子很容易建立兴趣，这时，父母要适当地给一些奖励。比如，在孩子坚持阅读之后，奖励给他喜欢的零食，他就会很开心，他会为了再次得到零食每天坚持去阅读。

你还可以奖励小红花——每当孩子达标之后，就奖励一枚小红花给他。当他积攒一定量的小红花后，你就要满足他的一个小愿望。

对贪玩的孩子来说，阅读算是一件比较枯燥的事，父母因而要另想点新花样适当地激励他，让他一直坚持阅读，直到养成阅读的好习惯。

6. 书写敏感期：写写画画是孩子的另一种语言

在 3 岁半左右时，孩子会突然很喜欢拿着笔写写画画，甚至假装写写画画。当他有这样的表现时，说明他已经进入了书写敏感期。

研究表明，孩子的书写敏感期一般会出现在 3.5～4.5 岁之间。当然，每个孩子的具体情况可能不一样，有的出现得早，有的晚一些——如果没有相应环境的刺激，有的孩子甚至不会有明显的书写

敏感期表现。

家长要密切关注孩子书写敏感期的到来，为他日后的书写和阅读习惯打下良好的基础。如果他在语言、感官、运动等敏感期内得到了充分的学习，他的书写能力自然会产生。

此时，家长要布置一个充满书香气氛的生活环境，多选择儿童读物，使孩子养成爱书写、爱读书的好习惯。

正常情况下，4岁左右的孩子就具有一定的识字、写字能力了。对于常用字，他一天能学习2～4个，之后，经过3～4次的复习，基本就能掌握了。

6岁左右时，孩子的认字、写字能力会有显著的提高。此时，在训练他听说能力的同时，再采用合理的方法有针对性地进行一些常见字的读写学习，对于他书写能力的培养、智力的开发和入学后快速适应新环境，都有十分重要的意义。

那么，作为家长，要怎样应对孩子的书写敏感期呢？

一、不要约束孩子"画字"，给他提供书写环境就好。

孩子到了书写敏感期，不代表他就能写字了，因为这仅仅是开始。

家长不要急着让孩子写字，因为此时他的小手肌肉发育还不完善，长时间书写会让他的小手过于疲劳，影响他的正常发育。而且，与其说孩子这是写字，不如说是"画字"，因为此时孩子不可能理解汉字的结构和笔顺。

实际上，只要我们给孩子创造书写的环境，他的书写敏感期就会提前出现，或者爆发得更为猛烈些。

在孩子 1 岁的时候，如果家长为他提供纸笔等材料，他也会拿着笔在纸上十分投入地戳戳点点。一旦他用笔在纸张上成功地留下印痕，他就会大受鼓舞，继续进行这种创造性活动。

并且，那些不规则的小点，或者歪歪扭扭的线条，还会引发他无边的想象，激励他以各种各样的方式去描述他"书写"出来的这些奇迹。

涂画是人生来就有的基本行为，所以这是孩子最会使用的一种"语言"，因为他从涂鸦开始一直到能表达自己的感受，整个过程都是一种自然的呈现。

二、给孩子一定的赏识。

孩子的书写激情能否维持得更长久，书写技艺能否更精进，主要取决于父母对待他这种行为的态度，以及能否为他提供有利于他这种技能发展的环境。

因此，我们要恰当地应对孩子的书写敏感期，最好对他"像煞有介事"的书写给予足够的赏识。哪怕书写的笔顺并不正确，我们没必要非得告诉他"这样写不对"，因为很多字可能是他想象出来的，只要他有兴趣，就要对他放宽要求，别制造一些条条框框去约束他的积极性。

7.秩序敏感期：给孩子提供有序的环境，满足其秩序感

嘟嘟吃饭的时候，一般都是爸爸给他夹菜。有时候，奶奶想疼他，也会给他夹菜，但他就会很生气，哭闹着说不要，转而把目光投向爸爸。

春天来了，妈妈经常带嘟嘟去看小区里的桃树，一直走同一条路线。有一天，妈妈跟他商量，想要换一条路线走，他非常不愿意，哭闹着说不要。

爸爸每天下班回到家，嘟嘟都会给他开门。有一天，爸爸自己开门进来了，嘟嘟从房间跑出来，急忙说道："爸爸，我还没开门，你怎么进来了？"然后，爸爸只得配合他先出去。等嘟嘟开了门，爸爸再次进来后，他才心满意足地笑了。

嘟嘟看似执拗，其实是进入了秩序敏感期。这时，无论做什么事他都会依据自身设定的秩序来完成，否则就会抗议。

儿童秩序敏感期一般出现在3岁左右，而且会呈现出螺旋式上升的三个阶段：

第一阶段：秩序破坏了就会哭闹，一旦恢复就会安静下来。

第二阶段：自我意识开始萌芽，为了维护秩序会说"不"。

第三阶段：为秩序而执拗，否则就一切重来。

对一个正处在秩序敏感期的孩子来说，世界是以不变的程序而存在的。这时，他对物品摆设的位置、物品的所有权、动作发生的顺序、人物的出现等有着近乎苛刻的要求。如若遭到挑战，他就会感到不安、焦虑，甚至表现出极端反应，比如哭闹。

由于孩子在这一时期表现得难以变通，甚至不可理喻，所以也可称为执拗敏感期。

秩序敏感期过后，到了 4 岁左右时，孩子会出现追求秩序完美的关键期，也可称为完美敏感期。接着，孩子对秩序的敏感会上升到对规则的要求：无论在什么地方，我遵守规则，你也必须遵守规则，人人都要遵守规则。并且，他会从服从规则逐渐转变为把生活常规化。

到了 5 岁之后，由于孩子对秩序的感受越来越明确、深入，会对时空秩序感和具有美感价值的秩序感即秩序美感特别关注。

秩序感会帮助孩子进行初步的思考，以及逻辑因果的推演。在这一阶段，他如果能够获得良好的秩序感，在之后的运算阶段就会顺利地形成对比、分类、序列等具体的思维形式。

那么，如何正确对待孩子的秩序敏感期呢？

一、试着理解孩子行为背后的原因，接纳他的情绪。

家长要端正对秩序敏感期的认识，意识到它的存在是与孩子的心理发育特点密切相关的，是孩子在成长过程中难以逾越，甚至是不以他的意志为转移的。

面对孩子在这一时期出现的种种看似不可理喻的行为，家长要更多地去了解他行为背后的原因。

如果孩子的需求是合理的或非原则性的，要接纳他的情绪，并尽量满足他在秩序敏感期的"有序愿望"，顺应他发展秩序感的需要。

对于原则性的需求，如果不能满足孩子，就需要进行灵活的变通，通过拥抱、讲道理、转移注意力、寻找替代目标等平息他的情绪，切记不要蛮横地镇压他。

如果家长缺乏应有的细心和耐心，致使孩子在宝贵的秩序敏感期没能得到应有的呵护和培育，就会使潜藏于他内心深处的还不完善的秩序感慢慢地沉没于意识的底层，对他以后的生活和学习会产生不良的影响。

二、满足孩子的秩序感。

当孩子看到某些物品摆置无序时，他仿佛受到了某种刺激，强烈地要求把物品恢复到原位。

比如，一块肥皂没有放在肥皂盒里而放在洗漱台上，或者一双鞋子放在不恰当的地方，孩子就会注意到，并把它们放回原处。只有这个年龄段的孩子才会注意到这些细节，而更大一点的孩子很少会注意到。

秩序感是孩子的一种需要，当得到满足后，他就会产生真正的快乐。因此，当孩子乐于去做一些关于秩序的事时，家长不妨满足他的需求。

在孩子的秩序敏感期到来后，家长要做到对他的理解和尊重，尽可能地给他提供一个有序的环境。蒙台梭利认为，如果家长不能给孩子提供一个有序的环境，他便不能建立起对各种关系的知觉，当然，他的全面智能也就无从建构了。

因此，家里的日常用品最好摆放有序，每次使用后一定要注意及时归位。孩子自己的东西更要注重摆放有序，家长不要随便去更改它们的位置。

此外，尽量不要对孩子居住的环境做太大的改变。比如，频繁地为他更换睡床的位置、小饭桌的摆放等，尤其是长途旅行时一定要特别注意。即使不得已，也要给孩子一个适应期和过渡期，并且为他可能出现的不适应做好各方面的准备。

对于处在秩序敏感期的孩子，家长还可以引导他自己收拾玩具和日用品，这不仅能让他养成整洁有序的习惯，还能使他获得更完善的成长空间。

8. 文化敏感期：丰富孩子的人文知识

3 岁以后的儿童，对文字、算术、艺术、电子产品会渐渐产生极大的兴趣，他们不再像之前那样盲目地问为什么，而是会就一个

领域的疑惑提出问题，或自己去设想。

这一时期，孩子开始有强烈的求知欲和探索欲，观察能力成熟，创造性思维以及操作能力、自学能力、阅读能力和综合知识的学习能力开始形成。

孩子的文化敏感期一般萌芽于 3 岁，所以从他将要步入 3 岁时起，家长就得做好准备迎接他的"十万个为什么"了。

到了 4 ～ 6 岁，孩子会出现探索事物的强烈要求，对不同的事物和文化表现出好奇。蒙台梭利认为，这时"孩子的心智就像一块肥沃的田地，准备接受大量的文化播种"，这在心理学上称为文化敏感期。

孩子在文化敏感期的具体表现，主要包括对音乐的挚爱、对动植物的关怀、对天文地理的着迷等。因为文化敏感性，他们才有强烈的愿望去接触外面的世界，这时，他们也能很容易地学会很多知识，因为他们有精力和好奇心。

捕捉到儿童的文化敏感期，在进行适当的教育的同时，并给予适当的刺激，才能为他将来的发展提供良好的基础。

对此，家长要建立一个有利于发挥孩子文化敏感期优势的环境。这时，家长要给他多提供一些丰富的文化资讯，多带他参观一些博物馆。比如，让孩子涉猎历史、地理、艺术等方面的知识，要知道，他对自然的探索兴趣比我们想象中要强烈得多——让他尽可能多地了解一些本土文化，然后慢慢地向世界文化延伸，以此来丰富他的人文知识。

在家庭生活中，家长要构建良好的文化氛围，让孩子在无形中接受熏陶。这主要包括以下两点：

一、科学的环境：培养孩子对科学的兴趣。

孩子四五岁时，我们就可以给他积木、拼图，教他做简单的玩具，如小椅子、小汽车，使他建立初步制造玩具的能力。此外，玩泥、玩沙也能让孩子得到初步制作模型的能力。

更大一点的孩子，我们可以教他拿磁铁做各种游戏，给他适当的科学环境，以发展他的科学兴趣和技能。

天文地理不分家，培养孩子的科学兴趣，也可以从地理知识开始。

对于好奇心强的孩子，不妨从讲神话故事开始，引起他的浓厚兴趣，然后再从科学角度对各种情节进行逻辑性的讲解。有的知识点比较难理解，家长也可以用实物进行实验，这能让孩子更容易理解并加深印象。

二、艺术的环境：音乐的环境和图画的环境。

音乐是情感的艺术，即便是一首最简单的幼儿歌曲也饱含了情感，表达了一定的思想内容。欣赏、学习音乐，对孩子情操的陶冶、情绪的调节、思维的开拓等都会有很大的益处。

要为孩子创设一个良好的音乐环境，经常给他播放音乐或唱歌给他听。孩子的模仿能力很强，在日常生活中，让他多听、多唱，久而久之，他就会在这种环境里得到熏陶，对音乐产生兴趣。

一般来说，孩子从小就喜欢涂画，家长要给他创造能画画的环

境，能让他随时随地表达自己的快乐，将来成不成为大画家无所谓，关键是能多一份兴趣。

家长要为孩子创造宽松的家庭氛围，鼓励他提出各种新颖、独特甚至有点可笑的创造性设想——不要阻挠他的自由发挥，要告诉他"没有标准答案"，要消除他对书本、家长、老师的依赖。

在日常生活中，还要鼓励孩子自主活动，独立办事，并不断地鼓励他用新办法来解决问题。

这时，只要孩子对文化探索的兴趣不被破坏，他将产生巨大的动力用于学习文化知识。然而，很多时候家长不经意的行为会破坏孩子的文化敏感期，而当孩子的文化敏感期一旦过去，要想再唤起他发自内心对文化探索的激情，让他爆发出自主学习的意识和兴趣是非常困难的。

文化敏感期被保护得好的孩子，当进入小学后，他自然会有自主学习的意识和兴趣。

家长对孩子文化敏感期的破坏，主要表现为：在孩子的文化敏感期来临前，或者已经进入文化敏感期后，家长会强行要求他学习超越他当下认知能力的文化知识。比如，逼迫孩子背大量的英语单词、读写大量的字词。

另一种现象是，家长会功利地限制孩子对文化的兴趣。比如，孩子对书法感兴趣，但家长认为书法对他的升学没有帮助，从而去打压他对书法的热爱。

还有一些家长和老师会照搬照抄西方的一些教育理念和方法，

限制孩子对世界的探索，并规定哪些文化他能探究，哪些他不能探究。

家长这样的做法，会破坏孩子的文化敏感期，导致他对文化表现出畏难和排斥心理。所以，作为家长，一定要呵护好孩子的文化敏感期，为他创造宽松的家庭氛围，鼓励他去进行探索。

9. 细微事物敏感期：不打搅，不越权

心理专家认为，孩子是通过简单图示来逐步认识外在世界的——衣服上的纽扣、墙角的小花、地上的蚂蚁等，都能引起他的强烈兴趣。

蒙台梭利教育心理学研究发现，儿童在 2 岁时开始进入对细微事物感兴趣的敏感期，3 岁以后表现得尤为明显。他们可能会喜欢一直抠挖一个小洞，或者喜欢蹲在地上一直看蚂蚁，甚至喜欢偷偷搜集一些小东西，如贝壳、树叶之类。

细微事物敏感期会促使孩子对世界进行更深入的体会，并锻炼他细致、耐心的品质。

世界对孩子来说是微观的，但他就是从微观开始认识世界的。2～4 岁的孩子处在对细微事物感兴趣的敏感期，这时他容易对小

昆虫、小图案等产生兴趣，而这通常正是培养他观察力的好时机。

儿童心理学研究表明，孩子观察力敏锐，对做事的目的性、条理性、理解性、准确性等都会有促进和提高。顺利度过细微事物敏感期，对孩子将来获得观察力有着至关重要的作用。

对孩子来讲，观察和抓、捏细小东西的本身，就是在锻炼他小手的肌肉和手眼协调能力。通过对细小事物耐心的专注，能让他了解事物的细节，对事物有一个更细致的掌控。

看微小的东西需要专注、需要耐心、需要聚精会神。处于这个时期的孩子，眼睛里好像只有小世界——越小的东西，越能吸引他。

那么，作为家长，应该要顺其自然，耐心引导孩子度过细微事物敏感期。

家长要为孩子创造适当的观察机会，并且加以耐心的引导。要注意，这种引导并非是家长时刻要陪在孩子身边对他耳提面命，而是要做到不打搅他。

当孩子观察细微事物的时候，不要强行以时间来不及了，或是那个东西太脏了为由，阻止他进行观察。家长需要做的，就是安静地陪在他身边，当他的观察遇到问题需要向大人求助时，家长还要耐心地为他解答问题。

4岁多的形形，最近喜欢上了玩各种瓶子，酒瓶子、醋瓶子、药瓶子、饮料瓶子，只要是瓶子，他都当宝贝一样。他拧开瓶盖，装点沙子或者纸屑，再盖上，再拧开……他一个人能这样玩半天。

妈妈想收走这些瓶子，因为担心形形长大后可能成为收垃圾的。

甚至，她一度怀疑形形有心理问题，还专门带他去看了心理医生。

看完心理医生才知道，原来形形是用拧瓶子的方式自学精细化的动作，顺便还锻炼了手部肌肉的力量，完全不用担心和干预。

在细微事物敏感期，孩子的视野与成人是不同的。成人善于用宏观、开放的眼光看待周围的环境，而且通常会忽视环境中的微小事物，但孩子的视野却是关注细枝末节的——哪个事物微小，他就会关注它。

当孩子聚精会神地观察细微事物时，其实正是他的心理思维和感知发展的过程。在这一时期，如果家长不允许他去关注细微事物，比如怕他把脏东西放在嘴里而进行制止，都会使他因心理的某种需求得不到满足而受到伤害。

虽然每个孩子都有心理和行为的差别，但有一点可以肯定，就是一旦他走过了某个敏感期，那它也许永远都不会再回来。比如，等孩子走过细微事物敏感期后，即使家长刻意再让他去观察细微事物，他也不一定会感兴趣，再去培养这种观察力就更难了。

所以，家长要有意识地了解孩子的敏感期，注重培养他的观察能力，帮助他养成细心、耐心等好习惯。

第 二 章
敏感期的"怪"行为

1. 秩序敏感期：特有的"执拗"不是错

　　幼儿园放学后，轩轩回家拿了篮球出来玩。其他几个平时一起玩的小朋友看见他拿着篮球，就跑过来要跟他一起玩。

　　轩轩刚把篮球放在地上，丁丁就拿着篮球开始拍起来，见状，轩轩"哇"地哭起来："这是我的篮球！"

　　妈妈看到后，赶紧过来安抚他："你们都是好伙伴，你拿着篮球不就是要跟大家一起玩的吗？"

　　"那他应该问我：'我可以玩你的篮球吗？'他为什么不问我？现在他应该跟我说：'对不起！'"轩轩哭着说。

　　妈妈跟轩轩解释："你们都是平时一起玩的好伙伴，看见你拿着篮球就直接过来找你玩了——如果他们再问你能不能玩，就显得太见外了，你不能这么任性。"

　　然而，无论妈妈怎么解释，轩轩就是不听，反而哭得更厉害了。

　　轩轩执拗地觉得丁丁应该跟他道歉，并且要跟他说一句"我能玩你的篮球吗？"，他才能答应让丁丁玩。

　　看见轩轩一边哭一边发脾气，丁丁悻悻地把篮球拿过来还给了他："哼！给你，小气鬼！"

听见小伙伴说自己是小气鬼，轩轩哭得更厉害了。

妈妈看到轩轩执拗、任性的样子，觉得特没面子，就拉着他回家了。

在轩轩的观念里，小伙伴玩他的玩具之前，必须问一句："我能玩你的玩具吗？"这是他认为的必要程序，因为妈妈平时就是这样教育他的。但是，别的小朋友未必有这样的意识，尤其是非常熟悉的小朋友可能更没有这个意识。

其实，这看似执拗的背后，表现出的是轩轩对秩序的敏感。秩序敏感期通常伴随着执拗敏感和自我意识敏感，这也是孩子自我建构的过程。

瑞士儿童心理专家让·皮亚杰经过观察得出这样的结论：0～6岁的儿童，几乎将他全部的热情和注意力集中在自我建构中。恰是如此，孩子才能逐渐形成自我、走出自我，塑造出我们所期望的创造力、幸福感、独立性、意志力。

当孩子有了自我意识，就会非常坚持自我，这表明他的意志在形成，也在表示"我"和"你"是有差别的。他逐渐发现自己和世界是分离的，于是就有了自我意识。

孩子执拗的这个阶段，可能是家长最为苦恼的时期，因为执拗的要求具有不可逆性，让人感到头疼。

孩子的执拗敏感期，很大程度上源于他们自我意识的觉醒。2岁以后，随着生活范围的扩大和探索能力的提高，他们发现自己能控制越来越多的事物，由此也就变得喜欢挑战大人，并从中体会自己的力量。

这种所谓的"叛逆"行为恰恰说明孩子长大了，自我意识增强了，开始独立思考了，勇于大胆尝试了。

这里说的自我意识，是指正确地认识自我的一种能力。而一个人能否正确地认识自我，是决定其心理是否健康的一项重要指标。

同时，孩子的执拗敏感期源于秩序感。这是因为，3岁左右的孩子内心已经有了一定的秩序感，并期待世界按照这种秩序感运行。所以，在做事之前，他的大脑中就会出现一个特定的办事程序，且认为事情只能按照这个程序发生。如果有人打破它，也就是他遭到了挑战，他就会发火，也会为此而进行抗争。

在建构秩序感这一特殊品质时，孩子的要求常常被认为是"任性""胡闹"，但或许用"执拗"来表达会更准确些。

处于执拗敏感期的孩子，喜欢想当然地按照自己的意愿行事，尽管有时候他的这种意愿看起来是"不可理喻"的，且一旦被拒绝，他就会烦躁不安，大哭大闹，久久难以平息。

一言以蔽之，处于执拗敏感期的孩子"喜欢胡闹而且比任何时候都任性"。要知道，儿童的心理活动是有一定秩序的，当目前他不能超越这种秩序时，就会严格地执行它。

2.语言敏感期：爱说脏话的孩子怎么了

天天已经是幼儿园大班的孩子了，他长得虎头虎脑，惹人喜爱。可是，最近他却变成了让妈妈头疼的孩子。

有一次，妈妈的同事来家里做客时，大概是她们说话的声音大了点，影响天天看电视了，他突然冒出了一句："你们都给我滚出去！"

当时，妈妈狠狠地训了天天一顿，可是也心生疑惑：孩子怎么突然这么没礼貌了呢？他平时不这样啊，更从来没有说过"滚"这个字。

事后，妈妈悄悄地问天天："你是跟谁学会了说'滚'这个字的？"

"跟爸爸学的。"

没想到，天天的回答反而让妈妈自责起来，她想起以前他们夫妻俩吵架时，天天的爸爸确实说过"滚"字。

如果说天天说出了"滚"字，让妈妈意识到当父母的一定要注意自己的言行，不能给孩子做出坏榜样还算正常，另一件事的发生则让她有些无法理解了。

上周末，妈妈带着天天回了趟娘家。一开始，天天跟舅舅家的表哥表妹们玩得不亦乐乎，可是，不知什么原因，几个小家伙打了起来。姥姥过去劝架，天天一把推开姥姥的手，坐到一边生起气来。

"哼！我要杀死你们！"天天突然冒出了这么一句。

姥姥听了，自然不乐意了，教育道："小孩子怎么能说'杀'呢？杀人是犯法的你知道吗？再这么说，我可就真打你了啊！"

姥姥训完了外孙，转身对闺女说："以后这孩子得好好管管，这么小的年龄竟然说要杀人，长大了那还了得！"

虽然被姥姥训了一顿，但天天一转身又跟表哥表妹打成了一片。

妈妈却担忧了起来：这孩子从哪儿学来这个"杀"字的呀？他到底怎么了？

蒙台梭利教育理论表示："语言是幼儿最早的收获之一，且将成为幼儿在他未来的进步与发展中影响最大的助力。"语言不是一种材料，不是一门课程，而是一个学习过程——从孩子一出生起，就要开始对他实施语言教育。

语言敏感期一般分为以下四个阶段：

第一阶段：0～3岁，听的敏感期。

此时，孩子会通过听周围的声音来吸收知识。语言启蒙始终伴随着婴幼儿，甚至是胎儿，婴儿咿呀学语就是语言敏感期开始的表现。在适当的时间听广播、故事、音乐、诗歌等，都有助于幼儿无

意识地学习语言，发展语言的表达能力。

第二阶段：3～4岁，说的敏感期。

此时，幼儿处于语言"爆发期"，喜欢抢话、告状、管闲事，经常会自言自语，或者自己给自己讲故事等。

第三阶段：4～5岁，语言的高峰期。

此时，孩子不仅喜欢说话，而且词汇量增加，并掌握了一定量的语音、语法和口语等。除了请求和问答外，他还会学会陈述、沟通、指示、命令的表达方式。他喜欢对事物进行评价，以及大声说话以引起大人的注意，个别的孩子还学会了说脏话。

第四阶段：5～6岁，应用语言敏感期。

此时，孩子善于运用词汇来表达自己。多让孩子编故事、进行情景表演等，能增加他应用语言的机会。

如果说1～3岁是孩子的语言准备期，那么3～6岁就是语言完备期。3岁以后，孩子的语言能力进入爆发期，也会逐渐形成语言的综合能力，这一阶段也因此被称为"新语言敏感期"。

然而，随着语言能力的提升，家长会发现孩子变得喜欢说脏话了。按照心理发展水平的不同，孩子说脏话可分为以下三种：

一、模仿性脏话。

年幼的孩子通常没有是非观念，大人不经意间说了一句骂人的话，他觉得很好玩，也会跟着学。这是孩子说脏话的一种普遍心理。

二、习惯性脏话。

如果孩子的模仿性脏话得到了大人的默许或者强化，那么，说脏话就会成为他的一种习惯。

三、有意识的脏话。

3岁以上的孩子说脏话时，除了出于好玩、互相模仿的心理外，还具有一定的选择性——他能够初步理解脏话的含义，并对特定的对象说脏话，这就是一种有意识的行为了。

当然，也有的孩子是在与小伙伴发生矛盾或者受了欺负时，被迫说脏话，以发泄不满的。

心理专家称，处于语言敏感期的孩子喜欢用脏话来表达他的情绪，或者以此来开玩笑，并乐此不疲，丝毫没有"不雅"的感觉。这是因为，这是他学习语言、交流的过程，并非如大人想象的是他想通过这种方式去侮辱别人。

孩子之所以会说脏话，是因为他发现说脏话会让大人紧张，也会让其他小朋友效仿，甚至能通过说脏话来占据心理优势。

很多孩子都会经历爱说脏话、诅咒这一阶段，所以，也有人把这一阶段称为"诅咒敏感期"。

在这一阶段，孩子不仅仅会对说脏话感兴趣，也会经常使用"打死你""把你头砍下来"等攻击性语言。如果家长对孩子这样的表达方式反应强烈，更加会引起他的兴趣，因为他正是在试探这些语言的作用。

那么，如果孩子在生活中经常说脏话，会不会对未来的成长产生不良影响呢？还有，如何才能避免类似的事情发生呢？

一般来说，孩子只在语言敏感期才会有足够的兴趣去说脏话。

人的语言发展是一种螺旋式过程，每一个时期对语言的敏感点有所不同，所以，孩子成长到哪个阶段就会对哪些语言敏感，这是一种普遍现象。

当孩子发现语言能变成一种力量时，在大人看来就成了骂人的话。如果大人对此反应过激，在一定程度上会对孩子形成"鼓励"，他就有可能形成无意识的习惯，并将此延伸下去。

要解决类似的问题，家长一方面要采取冷处理的方式，即对孩子单独地表达不闻不问，或者表现出这样做一点也不好玩的意思。另一方面，有必要适当地减少他与习惯性说脏话的其他孩子或大人接触的机会。

在家里，孩子会模仿父母；在幼儿园里，孩子也会模仿老师和同学。在新语言敏感期，孩子的语言学习能力更加深入，模仿是他学习语言最主要的方式，所以，为他构建良好的语言环境显得非常重要，家长要竭尽所能地去改善。

3. 物权敏感期：不爱分享的孩子是自私吗

牛牛3岁了，最近妈妈注意到，他特别不愿意别人动他的东西。有时候，妈妈吃一口他的饼干，他都会非常恼怒。

在外面玩的时候，牛牛带的玩具即使自己不玩，看到别人过来了，他也会赶紧把玩具护着——有时候还拿起就走，并叫妈妈一起回家。

有一次，妈妈的同事带着女儿玲玲到家里来玩。妈妈告诉牛牛，要把自己的玩具拿出来跟小妹妹分享，没想到他坚定地说"不！"。

妈妈拿出牛牛的零食分给玲玲，他在一旁嘟囔着："她都吃光了，我怎么办呀？"

看到玲玲玩自己的小汽车，牛牛一把夺过来说："这是我的！"

牛牛不许玲玲动自己的任何东西，妈妈尴尬极了，觉得他变得很自私，以后怎么能跟小朋友愉快地玩耍呢？

这种情形，很多家长都非常熟悉。对此，大多数家长都会觉得难堪，甚至会强行把孩子的东西拿出来分享，哪怕他大哭大闹也要替他表现出慷慨大方的姿态。

然而，不爱分享的孩子真的是自私吗？

其实，2岁左右的孩子就已经进入物权敏感期了，他会开始执着地保护自己的物品——这无非是通过对物品归属权的确认，来认知他与物品的关系。教育专家指出，2岁孩子的哲学是："这是我的我的，什么都是我的。"

儿童心理学家让·皮亚杰发现：0～6岁的孩子是以自我为中心的，他把一切都看作与自己有关，是他的一部分。

孩子这个阶段最重要的任务，就是自我的建构。在这个过程中，他通过占有属于自己的东西来区分自己和别人。当他占有了某

件东西，它就完全地属于他——也就是他拥有物权时，他才会逐渐感受到"我"的存在。

如果家长满足孩子的需求，尊重他的意愿，那么，他就将从占有可触摸的事物开始，先从他的东西开始感觉到"我"，然后一步步从具体的"我"过渡到抽象的"我"，最后形成一个完全无形的"自我"。

拥有自我的人，才拥有定力，不会被别人和环境所左右。拥有判断力的人，才不会盲从于群体。

处于物权敏感期的孩子不愿意分享，很多家长都会忍不住劝说他，甚至强制他去分享，尤其是家里来了客人的时候。但是，原本是好习惯的分享，并不适用于5岁之前的孩子。

如果强迫孩子分享，会有什么样的后果呢？

一、分享变成了占有。

如果家长强制孩子把他的东西与别人分享，会让他觉得自己也能强行分享别人的东西。分享变成了占有，他不会觉得这是快乐的事。相反，这种行为本身就不尊重他的物权，他又怎么可能由此学会尊重别人的物权呢？

二、强制分享引发的恐惧感。

在这个时期，强制孩子分享他的东西，会给他造成巨大的恐惧感和危机感。因为，孩子占有东西的目的是为了获得它背后的意义，就是"形成自我"，而不是为了占有物本身。

如果这个过程太难，孩子就会忘了背后的意义，而把注意力放在占有物本身上，心理学上称之为"固着"——孩子的能量没有自然流动，而是停在了占有物上，这会造成一定的不良后果。慢慢地，这就会成为一种心理障碍了。

三、没有界限的伤害。

这个阶段，要让孩子形成自我，最后他才能走出自我。如果家长错失了这个阶段，孩子就丧失了"我"与别人、社会分离的机会，他和别人之间会出现一种没有界限的状态。

我们成人的世界有许多的纠葛，就是由于没有界限造成的。已经形成自我独立的孩子，他归属于自我，不需要从别人那里寻求安慰。而失去自我的孩子，内心充满了挣扎，会受到别人的语言行为的影响从而迷失自我，甚至可能屈从于别人，寻求归属。

作为家长，在帮助孩子构建自我时，如何让他能健康地"分享"呢？

在2～3岁，孩子刚进入物权敏感期时，尊重他的物权，让他对自己的所有物拥有绝对的安全感，这是非常重要的。这一阶段，孩子开始借物品来跟世界划分界限。

到了4岁半左右，孩子开始对小伙伴感兴趣，会从家里带东西去幼儿园跟其他孩子分享或交换，用这种方式与别人建立关系。只要之前家长尊重了他的所有权，他必然开始喜欢与他人分享物品，这是一种成长的规律。

处于这个时期的孩子也很喜欢模仿成人，家长要以身作则，经常与他分享。6岁以后，孩子的兴趣从家人转向同伴，这才开始真

正体会分享的乐趣，分享会变成一种快乐和良好的品质。

分享不是我们教给孩子的道德操守，而是他经过心理发展后自我选择的结果，是他整体精神世界发展的一个必然结果。自然发展而成的分享，才是健康的分享，孩子才能从中感受到快乐。

作为家长，一定不能随便给孩子贴标签，认为他不爱"分享"就是自私的表现。要知道，孩子形成自我的过程是由他自己完成的，家长只能协助他——我们不能忽略他的内在精神，用成人的意志去代替他的意志。

4. 逻辑思维敏感期：孩子突然变成了"十万个为什么"

"妈妈，人的眼睛为什么晚上也能看见东西？"

"天为什么是蓝色的？"

"天为什么黑了？"

"天为什么会下雨？"

"小金鱼为什么会在水里游泳？"

"小朋友为什么要上幼儿园？"

…………

最近，王先生发现4岁多的儿子简直成了家里的"十万个为什么",动不动就冒出一些奇怪的问题。关键是,很多问题他自己也不懂,所以只能求助于网络,以致儿子有时问完问题还不忘说一句"要不你上网搜搜呗",弄得他哭笑不得。

面对孩子没完没了的提问,家长一定要耐心处理。因为,家长此时的做法直接关系到孩子逻辑思维的养成、学习欲望的激发和思考问题方式的建立。

有专家对1000名2～10岁孩子的日常生活进行了调查,结果令人大吃一惊。数据表明:孩子平均一天内会对妈妈提200多个问题。

临床心理学家安妮·麦科马克分析称:"孩子的大量提问是来自他们与生俱来的好奇心,周围的点点滴滴对他们来说都充满了新奇,他们渴望能了解得更多。"

事实上,孩子爱提问,恰恰说明进入逻辑思维敏感期的他在进行主动思考。而正是通过一问一答,他在认识客观世界的同时,也发展了逻辑思维能力。

很多时候,孩子会对同一个问题反复地提问,或者会开启连环追问模式,打破砂锅问到底。其实,他可能并不是想要一个答案,而是围绕自己感兴趣的事物展开交流。

比如,孩子反复提问的意思或许是在告诉你:"我想跟你多谈谈这个问题。"家长除了要给出答案之外,还要能准确地捕捉到他的弦外之音。

一般来说,逻辑思维敏感期通常会在2周、1个月、3个月,

时间长的在半年或者1年内消失。当然，每个孩子的过渡时间不一样，不能一概而论。

顺利渡过这个敏感期后，孩子的心智会上升到一个层面。这在孩子成长的过程中，绝对算得上是一次里程碑式的飞跃。

教育专家认为，逻辑是我们大脑进行思考的规则，如果别人的话不合逻辑，我们的大脑立刻会发觉。逻辑思维能力就是我们对事物进行对比、分析、概括、综合、推理，并且通过语言进行准确表达的能力。

不同于形象思维能力，逻辑思维能力非常依赖于语言，因为它不是以事物的形象作为基本原料，而是以语言为基础的——就像艺术家的形象思维能力比较强，而数学家的逻辑思维能力比较强。

当孩子开始不知疲倦地问"为什么"，对因果关系表现出极大兴趣的时候，表示他开始进入逻辑思维敏感期，这也意味着他的语言发展到了一定的程度。

这个时期，家长面对孩子的追问务必要保持耐心，在一些严肃的问题上，比如科学知识方面的问题时，要给予专业的回答。

更多的时候，家长要引导孩子独立思考，并设法寻找问题的答案，而不是直接告诉他答案，这更有利于锻炼他的逻辑思维能力。比如，孩子问："妈妈，树叶为什么会落？"此时，你就可以引导他思考季节变化对植物生长的影响。

面对孩子一些稀奇古怪的问题，家长可能会哭笑不得，不知如何应对。这时，重要的不是正确回答，而是要以认真的态度给他一个合理的解释。有时也可以开动脑筋，跟他一起进行奇思妙想。

比如，当孩子问："为什么天上会有星星？"家长可以借助神话故事回答他："因为盘古开天地的时候，他的左眼变成了太阳，右眼变成了月亮，头发和胡须变成了星星。"这样的交流能促进孩子想象力和创造力的发展。

5.身份确认敏感期：我就是"孙悟空"

处于身份确认敏感期的孩子崇拜偶像，会把自己当作偶像的翻版。下面这个故事说的就是孩子的身份确认敏感期：

5岁的乐乐最近迷上了孙悟空，看动画片专挑《西游记》看，看书也要看跟孙悟空有关的故事。

他还嚷嚷着让妈妈给他买一套孙悟空样式的衣服，这样，跟小朋友在广场上一起玩时，他就可以穿着孙悟空衣服快乐地喊："我是孙悟空！俺老孙来也！"

看到关于孙悟空的玩具，乐乐更是两眼放光——尽管家里已经有很多了，每次见到后他还是闹腾着要买。

妈妈经常被孩子的孙悟空"附体"搞得哭笑不得。

孩子在完成自我意识敏感期后，4岁左右就开始进入身份确认

敏感期，这时，他通常会崇拜偶像，比如孙悟空、奥特曼、超人等，并且会下意识地从他所喜爱的人物（包括人物形象）身上获得人格上的一些特质。

他还会扮演这个人物，而且时间能长达一个月左右，甚至连说话、走路、穿衣都会模仿该人物。

身份确认敏感期到来的时候，孩子会毫无保留地全身心投入到模仿的身份中。力量小的孩子通常喜欢强大的东西，力量大的孩子通常喜欢机智、有趣的人物。

无论是孙悟空还是奥特曼，一个孩子可能对多个偶像进行扮演，这是身份确认敏感期最高潮的时候。扮演对象的每一次变化，对孩子而言都意味着全新的开始。

在感受各种角色的扮演中，孩子不但会吸收和体验所扮演对象的特质，而且会把自己的性格与扮演对象配对。在崇拜某一偶像并且不断模仿的过程中，他会不断地积累未来成人时的人格特征。

这种敏感期到来的时候，孩子会喜欢上某一类服装、影片、书、玩具等，而且多多益善。他还喜欢要完这种再要那种，从各种东西里选择自己喜欢的——在他的眼里，每一个玩具都不一样，他要体验不同的感觉。

对此，很多家长就会有压力：同样的东西为什么要这么多？同样一个故事为什么看那么多遍？这些都会让家长困惑不已。

家长要记住，敏感期的满足，特别是6岁前这些将奠定孩子的一生，所以让他顺利度过敏感期是非常重要的。

处于身份确认敏感期的孩子热衷于模仿心中的偶像，这会使他很快乐，感到非常有意义——他通过扮演偶像来丰富自己和塑造自己。

在这个特殊的敏感期，家长要做的就是保护和尊重孩子的正常需要，让他自然、快乐地成长——只要尊重他的需要，他就能顺利地度过这个敏感期。

在孩子的身份确认敏感期，家长还要利用偶像的力量来培养他的好习惯。比如，喜欢大力水手的孩子不爱吃蔬菜，家长要这样对他说："神通广大的大力水手最爱吃菠菜了，吃了菠菜后，他就有力量去对付坏人了。"如此一来，孩子就会尝试着吃蔬菜。

同时，这一时期，由于孩子没有形成正确的是非观，家长需要给他把关，为他挑选一些正面、积极、有利于成长的偶像。当他自然而然地度过身份确认敏感期后，不用提醒他，他自然会从梦幻中走出来。

6.审美敏感期：让孩子发现美、创造美

妞妞今年 4 岁，从年初起，妈妈就发现她开始知道爱美了。一次，妞妞从幼儿园回来后，就用家里的记号笔涂抹指甲。当时，妈

妈以为女儿是图新鲜，也没在意。

可是，夏天来了，妞妞越来越爱美了。妈妈给她准备好上学穿的衣服，她不穿，偏要自己选衣服，还说妈妈选的衣服不好看。

星期天不上学，妞妞在家里也要换好几套衣服。她还会用小珠子做一些小饰品戴在手上、脖子上，一副美滋滋的样子。

一般而言，孩子从3岁开始就会对环境有审美要求，即进入审美敏感期。3～6岁是孩子人生中的第一个审美敏感期，他开始追求完美，一些"不完美"的事物会让他产生不愉快。

这时，很多家长会发现，孩子突然变成了一个完美主义者：他开始挑剔吃的和用的。比如，牛奶不能洒出一滴，水果上不能有斑点。接着，他开始关注身边的环境和自我的完美。尤其是女孩子，到了这个年龄段，会突然对审美产生很多想法。比如，会对自己的衣着打扮产生浓厚的兴趣。

这时，孩子会本能地尝试用各种方式来表达自己对美的理解和感悟，他也会执着地按照自己的审美标准来打造自己。那么，他的审美标准来自哪儿呢？

当然是成人的世界了。

我们常常看到，4岁的孩子，特别是女孩子，在一段时间内会热衷于学妈妈化妆。她会用口红涂嘴唇、用腮红涂脸、用各种颜色的水彩笔涂指甲、用黑色记号笔把眉毛画得一高一低，还喜欢穿漂亮的公主裙，想象自己是童话里的公主……

可见，在孩子的心目中，他已经有了明确的美与不美的界定标准，并且会按照自己的审美标准来打造自己。

孩子在审美敏感期的不同表现也许会让家长哭笑不得，但他既然进入了审美敏感期，家长就要很好地利用这一时机，让他真正懂得发现美、创造美。

面对这些问题，家长该怎么办呢？

一、给孩子肯定的评价。

比如，孩子看到妈妈涂了漂亮的指甲油，自己也拿水彩笔把指甲涂得五颜六色。这时，家长正确的做法是：告诉孩子五颜六色的水彩画笔应该用在画画上，指甲涂成一种颜色才好看——但是，孩子的指甲干干净净才最好看。

切记，不能用"不正常""怪异"等词汇来评价孩子。

二、带孩子接触美的事物。

在审美敏感期，家长要多带孩子接触美好的事物，接触得多了，他便能形成更好的审美意识。

例如，面对盛开的鲜花、青青的草地和清澈的小溪……家长不妨将眼前的美景用准确、生动的语言描绘给孩子听，启发他的想象力，从而使他爱上大自然的美好。

三、在游戏中培养审美观。

家长要根据孩子敏感期的特点，为他准备相关的游戏活动。比如，在游戏中，让他感知形状、色彩和图案，并准备安全的工具供他进行训练，从而使他获得更完善的成长空间。

四、借助艺术手段表现美。

在欣赏美的同时，孩子会无限地表达、表现自己的欲望。家长要充分尊重他用画、歌声或动作等进行自我表现的方式，并且提供充足的条件，通过艺术形式来熏陶他的情操，继而提高他的审美能力。

7. 模仿敏感期："重复"是孩子学习的一种方式

牛牛刚刚 3 岁半，在家里却俨然成了"复读机"。有时候，妈妈说什么，他就学着说什么；爸爸说什么，他也跟着说什么。

有一次，妈妈因为家庭琐事跟爸爸吵了起来。牛牛站在一旁，一会儿跟着妈妈学一句，一会儿跟着爸爸学一句。看着儿子滑稽的举动，两个大人都不好意思再吵下去了。

晚上睡觉前，爸爸有时会玩会儿手机游戏，牛牛也会凑过来看，后来他竟然无师自通地学会了那款游戏。

爸爸每天都抽烟，大多数时候都到楼道里抽，但有几次还是被牛牛看到了。

有一次，牛牛竟然自己拿起一根烟学抽烟，姿势与爸爸简直一模一样。

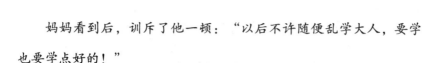

　　妈妈看到后，训斥了他一顿："以后不许随便乱学大人，要学也要学点好的！"

　　模仿是孩子重复原型所表现出的行为，这表明他的心智已经发展到领悟和掌握某种行为的时候了。

　　模仿是孩子对自己身体行为上的一种确认，这实在是一种了不起的成长模式，就好像一位音乐家在听完一首美妙的乐曲后，能在一件乐器上重复演奏出来一样。

　　其实，从孩子出生起，他就开始了模仿行为。

　　孩子一出生，就会条件反射般地模仿大人脸部的动作。比如，吐舌头。不过，研究发现，孩子1岁左右时，模仿才真正开始，或者说具有自我意识和目的的模仿。

　　一般来说，模仿敏感期在2岁左右出现；3岁左右，模仿行为开始集中爆发。处于模仿敏感期的孩子会像个影子一样，大人干什么，他就干什么；或者小朋友干什么，他就学着干什么。

　　其实，有时孩子并没有真正的需求，只是为了模仿而模仿，以期从中能够吸取更多直接的经验。而且，孩子在探索一个行为时，总是喜欢重复十几甚至几十次，这在成人眼中可能是微不足道的，却能使他得到极度的满足——因为"重复"是他学习的最好方式。

　　重复是孩子成长必经的过程，通过重复，他形成记忆、理解原理，也能建立自信。

　　孩子的模仿通常分四个步骤：看或听—消化吸收—尝试模仿—练习。就语言学习来说，当他能够说出"爸爸""妈妈"这样简单

的词汇时，他只是在单纯地模仿自己听到的音节。

时间久了，他从无数次的反复"练习"中，明白了词汇的意义，并且会应用在对话中。于是，他的模仿也就取得了成功。

模仿能力还是孩子认知和发展独立性的垫脚石，他会通过模仿发现自己能控制一些事物，于是慢慢地将模仿变为一种自觉的意识。

3岁以后，孩子的模仿能力达到最强，而且更富有想象力。比如，他会把鞋子当作一辆车，把铅笔当成妈妈烧菜的勺子……这是因为，孩子模仿能力的发展与其他能力的发展是相关的。

2岁以前，孩子一般是即时模仿，他很容易忘记模仿的语言和行为。只有等到他的记忆力、语言理解能力以及小肌肉动作发展到一定程度后，他才能发展好延迟模仿能力。

延迟模仿是指孩子能够在事后记住，并再现模仿的语言和行为的能力。

模仿存在于人的一生中，其影响力至关重要。所以，不要觉得孩子总模仿别人说话、做事烦人，因为他这是在进行一项伟大的工作。在模仿敏感期，家长要很好地配合孩子，同时也要知道，模仿其实正是他独特的学习方式。

那么，家长要怎么做呢？

一、创设游戏情境，鼓励孩子参与。

家长要为孩子提供一些游戏道具，并创设游戏情境，同时积极参与到他的游戏中去。

在模仿活动中，孩子会增加对角色的认识和对社会规范的认识；家长参与模仿游戏活动，也能随机地指导孩子，引导他按照正确的方式进行活动。但是，家长也要注意准备合适的道具，并做好安全保护措施。

随着孩子的成长，他的语言、行为将不再局限于模仿家长，而会逐渐地按照自己的愿望这样做或那样做。在这个过程中，家长不要急于纠正孩子的错误，也不要过于在意他的阶段性失败。

失败也是孩子成长过程中必不可少的体验，家长要做的是，在他失败后，鼓励他再来一次甚至多次。只有这样，在失败后他才能去观察和模仿别人的成功做法，通过一次次尝试，直到获得成功。

二、以身作则，树立好榜样。

当孩子模仿家长的语言、表情、行为的时候，家长最好也反过来模仿他，这样的交流会使得孩子跟父母的关系更加紧密。另一方面，这也像一面镜子，能指点、提醒孩子。

从1岁开始，孩子就会主动去模仿父母的动作和语言。从这时候起，家长就要注意自己的言行习惯，尽可能多地为孩子树立好榜样。不过，家长也不必尽求完美，因为孩子不只是模仿你而已，他还会有意无意地去模仿别人。

在3岁左右，孩子才能感知性别上的差异。虽然通常男孩子比较爱模仿父亲的言行，女孩子则更倾向于把妈妈的一切"拷贝"过来。但是，3岁前，有时男孩子也会喜欢玩妈妈的口红，而女孩子也会拿爸爸的剃须刀假装刮胡子。

这些都是正常现象。同时也要注意，3岁以内的孩子，有些危险动作绝对不能让他模仿。比如，开微波炉、用打火机、插电源等。

通过模仿这一过程，孩子会由简单的生命状态过渡到更高的状态中，这也是他从内部世界走向外部世界最早的实践过程，这大约会持续半年。表面上看，这一阶段的孩子似乎没有自我，但要知道，他必须通过这一阶段才能形成自我。

第三章
敏感期的"怪"情绪

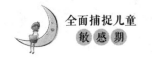

1. 社交敏感期：学会化解孩子的社交恐惧

因为工作繁忙，爸爸妈妈经常去外地出差，晓晓从小就跟着爷爷奶奶生活，偶尔在周末时才会回到父母身边。

晓晓从3岁开始上幼儿园，可他没少让父母操心，尤其是每天早晨送他去上学，就跟打仗似的。

"妈妈，我在幼儿园里会想你，怎么办呀？"

"妈妈，我今天肚子有点疼，上不了幼儿园了。"

晓晓不想上幼儿园的理由，简直五花八门。

为了让孩子多跟幼儿园的小朋友熟悉一下，周末时妈妈会带着晓晓去同学家串门。她觉得，晓晓跟同学熟悉了，也许就不会抗拒上学了。

其实，妈妈带晓晓去的那个同学家就在隔壁楼上，晚饭后遛弯就过去了。没想到刚到同学家，看到陌生的环境，晓晓就"哇"地哭了起来。

妈妈一头雾水，问道："你哭什么呀？"

"我怕找不到妈妈了。"晓晓一直拉着妈妈的手，不想在同学家里玩，就算同学拿出玩具来，他也不理睬。

为了避免尴尬，妈妈悻悻地带晓晓回家了，过后不免担心起来：孩子这是咋了？平时他就不愿意出门跟小朋友玩，出去串门又这样，难道有社交恐惧症？

一般而言，孩子在2岁左右开始进入社交敏感期，也称为社会规范敏感期。这时，大多数孩子开始关注周围的人和事，变得喜欢交朋友，去人多的地方凑热闹。

但也有一部分孩子则恰恰相反，他们害怕到人多的地方去，不喜欢跟小朋友玩，其实就是不想离开平时经常照顾他的人。这样的孩子去上学通常会比较困难，分离焦虑也比其他孩子更多。

作为家长，要细心地观察孩子的内在需求和个性特质，有针对性地实施相应的教育。

当然，怕生是儿童的普遍现象，大部分儿童到了两三岁后会开始怕生，但通过慢慢地接触陌生人，适应性的脱离完全能克服掉。所以，不能把怕生跟社交恐惧直接挂钩。

一般来讲，大多数孩子在陌生环境里或意外情况下，都会表现出短暂的退缩，但他们通常会逐渐适应新环境，并会在做游戏等活动时主动发展自己适应新环境的能力。只不过，如果这种行为没有得到家长及时的纠正，孩子就容易发展成社交敏感症，甚至社交恐惧症。

孩子到了一定的年龄，如果他还是喜欢依附和纠缠在父母身边，不乐意出门，不乐意跟别的小朋友或亲戚长辈接触，家长就要提高警惕了。

为了化解孩子的社交恐惧，家长需要做些什么呢？

一、对孩子不要过度保护。

生性胆小、退缩、不敢尝试新事物的孩子，很大一部分来自过度保护他的家庭。

例如，爷爷奶奶、姥姥姥爷加上父母，几个人精心地呵护着孩子。过度保护他，对他来说并不是好事，因为容易导致他遇事退缩，只会长时间蜷缩在家，不敢跟外人接触。

二、建立良好的亲子关系。

心理专家认为，孩子若能在2岁前拥有稳定的生活环境、稳固的亲子关系，青春期时就不容易叛逆，因为他有可信赖的人、可疏解的窗口。

研究发现，处于婴幼儿时期的孩子过早地离开母亲，容易导致出现分离焦虑，这也是社交敏感期内有些孩子出现社交恐惧的重要诱因。

很多家长忙于工作，就把孩子交给爷爷奶奶或亲属带。这样，孩子因为早期的亲子依恋关系建立不当，特别容易出现分离焦虑。

分离焦虑只是一个伏笔，它慢慢地会引发孩子出现更多的情感障碍，其中，社交障碍或社交恐惧症就是典型的表现。所以，要尽可能地避免孩子在婴幼儿时期出现分离焦虑，尽可能地用积极的心态来引导他，给予他更多的心理支持。

父母的正面心理支持得越好，孩子的抗压能力就越强。所以，父母用一种积极的心态，来促进和支持儿童早期的心理成长，显得非常重要——忙于工作，没有时间照顾孩子，或者忽视、无视他，这些理由趁早要扔掉。

最后要说的是，孩子到了上幼儿园、上小学的时候，父母忙不迭地过度保护、不恰当地关注，只会加重他的社交恐惧。

2.情感敏感期：孩子爱"吃醋"

上幼儿园中班的豆豆突然变得爱吃醋，每天晚上睡觉时，她从不允许爸爸靠近妈妈的床。

她经常抱着妈妈说："妈妈，我最爱的就是你了，你爱不爱我呀？"每次，妈妈只要回答："妈妈也爱你。"她就不乐意了，然后说："妈妈，你应该说你最爱的是我。"

豆豆的话，让妈妈哑然失笑。

每次，表弟来家里玩，豆豆就会对妈妈说："妈妈，你不能把我的玩具拿给弟弟玩，这都是我的玩具。""妈妈不许对弟弟好，只能对我好。"

妈妈给了表弟一袋零食，不小心被豆豆发现了，她就哭着说："妈妈，我发现你对我的爱有点少了。"

豆豆无理取闹又可怜的小模样，真是让妈妈又爱又气。

很多家长会遭遇上述案例中的情况，因为到了某个时期，孩子突然会对父母的感情有了占有欲，突然变得爱"吃醋"、爱嫉妒，不让父母对别人好，只能对他好。

有的家长认为，孩子懂事了就开始变得霸道、不讲理了。其实，这是对孩子的误解，这不过是他的情感敏感期到了。

情感敏感期是孩子从依恋走向独立的一个过程，在这个阶段，家长要尽量满足他的情感需求，只有获得情感满足，他才能安安心心地走向独立——他要通过占有足够的爱来确定无论如何父母都是爱他的、支持他的，然后他才能独立。

处于情感敏感期的孩子，偶尔会"多愁善感""有感而发"。其实，孩子这是在向父母暗示他需要更多的爱。这时，家长千万不要吝啬对孩子的爱，大胆地去拥抱他，说："宝贝，爸爸（妈妈）爱你！"就是这么简单的动作、话语，就能让孩子那幼小的心灵得到非常大的满足。

其实，家长试着早晚各给孩子一个拥抱、一个亲吻，说一句"我爱你"，那样，他以后也会有一个博爱的胸怀，会勇敢地去面对一切。

孩子一旦获得了对父母的爱的满足和依恋，就会迈出独立的步伐。

3. 自我意识敏感期：发现内在的"我"

形形最近变得有些特立独行，喜欢按照自己的想法行事。比如，下楼玩，她一定要自己决定去哪儿玩、玩什么、跟谁玩——如果大人不配合，她就会哭闹着反抗。

吃饭也是，她一定先用筷子敲碗选最响亮的那一个，要用自己喜欢的勺子，要自己夹菜——如果父母帮她把菜夹到碗里的话，她就会摔勺子发脾气，甚至不肯吃了。

穿衣服也是不管冷热，只要是喜欢的衣服，她就一定要穿在外面——如果热了帮她脱下，或者冷了帮她再穿一件在外面，她也会不同意，发脾气。

让家长头疼的是，喜欢说"不"的形形还变得爱打人，只要周围的人说话不合她意，或者跟小朋友闹别扭了，她抬手就打。

这可把家长愁坏了，难道女儿要变成"小霸王"了吗？

心理专家认为，孩子的第一个自由宣言是说"我的"。2岁半左右，当孩子的自我意识觉醒时，他首先发现的是，"这个东西是我的，那个东西是我的"。他用"是我的"来区别"我跟你是不同的"。

孩子的第二个自由宣言是说"不"。

"吃饭吗？""不！"

"上厕所吗？""不！"

"睡觉吗？""不！"

"把你的小火车给小朋友玩一下好吗？""不！"

孩子通过使用自我意志，说"不"来表明"我和你是有差别的"。当家长认为他怎么凡事爱说"不"，这么爱"跟我们作对"的时候，其实，他已经进入了自我意识敏感期——他不过是在通过语言感受"我"与别人分离的快乐。

孩子喜欢说"不"，家长不必刻意去纠正，让他该做什么就照做什么，不必跟他商量、分辨，这就不会影响他的敏感期，过一段时间自然就好了。

在不违反规则的情况下，家长要鼓励孩子让他使用"自我"。家长要尽量尊重他的选择，满足他的需要，让他快乐地成长。

在自我意识敏感期，伴随着说"不"，孩子同时还会出现打人的行为。当他开口说"打"，甚至动手的时候，家长会认为，这是粗野行为。

实际上，这个"打"并不是真正要打人的意思，只是孩子表达不同意、不喜欢的一种最直接的态度，他是在告诉你："我不同意。"他认为他要排除你，你应该立刻消失；但你还存在，他就要用手来排除你。

家长要制止这种行为，但不要说教、谴责。因为，那跟粗野行为是不同的。几个月后，这个敏感期自然就过去了，孩子慢慢知道能用别的方式来表达不同意。

等孩子4岁左右的时候，他已经清楚地知道什么"是我的"，什么"是你的"，能够清晰地了解"我和你"之间的界限在哪里，所有他认为属于他的东西，他都不会给别人。

等到接近5岁的时候，孩子的特性又会发生一次重大的变化，那时他会迫不及待地把自己的东西分享给别人——因为他发现，分享后能得到别人的东西。

这时，儿童自我的形成又往前迈进了一步。

在自然成长规律的影响下，孩子一刻不停地建构着自我。在以后的几年时间里，他会更为充分地表现自己，从排除他物到勇敢地说"不"，再到坚定不移地坚持自己的想法。

在儿童形成自我的过程中，他会建立和派生出个人优秀的品质，而这也就构成了个人最核心的部分。

事实上，我们能够发现具备这种品质的孩子——只要是做自己喜欢的事，都会安静、专注地持续下去，而这种持续性的生活最终会形成孩子的坚强意志，独立性也会随之而来。而一个没有自我的孩子，只会丧失"我"与他人、社会分离的机会和界限，最终他到了成人时就会出现这样那样的内心冲突。

心理专家认为，孩子将来会成为什么样的人，他的力量是否强大，源于自我意识敏感期。所以，保证了幼儿时期的自我意识敏感期，就等于保证了孩子未来人格的和谐、强大和在社会上立足的

能力。

如果儿童顺利地度过了自我意识敏感期，他会在 7 岁后，走出自我中心的疆域，真正融入到群体生活中来。

4. 完美敏感期：追求完美的"挑剔"

诚诚拿了一块饼干要跟妈妈分享，妈妈随手掰了一小块，但她还没放到嘴里呢，就传来儿子撕心裂肺的哭喊声。

妈妈觉得诧异又无辜："明明是你要跟我一起分享的，为什么会出尔反尔？"一番哄劝后，诚诚停止了哭闹，又拿了一块点心给妈妈吃。

妈妈拿起点心，咬了一小口，没想到，这次诚诚竟然心满意足地跑去玩了。

妈妈觉得很奇怪："这个孩子心里到底咋想的呢？难道怕自己掰开只吃一块，剩下的不吃会浪费？不可能啊，儿子平时浪费的东西可有不少呢！"

就以诚诚画画来说，平时一张纸上只要画错一点就要换一张，有时候一张纸才画了一条线就被换掉了。

她曾经劝过诚诚："空白的地方还可以再画呢，你这样太浪费纸张了啊！"

没想到诚诚却说："画错的纸上，再画也不好看了。"

不仅如此，妈妈觉得诚诚还有很多行为无法理解。比如，吃饭时也是边吃边玩，调皮得很。尤其吃米饭的时候，他会用勺子把米饭压得平平的，没吃几口，再用勺子重新把米饭弄平整……

如同案例中的诚诚妈妈一样，很多家长遇到过同样的情况，对此，他们通常会认为是孩子太调皮、任性、挑剔——一张画了几笔的纸成了废纸；饼干掰开了就不想吃了；吃饭要边吃边玩……

可是，家长要知道，孩子之所以这样做，有时是因为完美敏感期在发挥作用。

一般来说，孩子3岁左右会进入完美敏感期。顾名思义，处于完美敏感期的孩子的典型特征就是追求完美，具体表现就是渴望完美的东西，而完整无疑是完美的前提。

事实上，孩子的心思是非常敏感和奇妙的。比如，在他心里，饼干掰下一块会破坏完整性，而咬一口则不会。

许多幼儿园在做幼儿伙食、特别是做面食的时候，会做得非常小，这不仅仅是为了好看，在一定程度上也契合了孩子追求完美的心理发展轨迹。

进入完美敏感期的孩子，会表现得很"挑剔"。他喜欢完整的东西，不喜欢东西被破坏——容不得东西有一点瑕疵。比如，一个原来喜欢玩具汽车的孩子，新买不久的玩具汽车坏了一个车灯，他就会将它弃之一旁，不玩了。

再如，一个喜欢芭比娃娃的女孩子，因为芭比娃娃的衣服破了一个洞，就坚决要另买一个新的。

在完美敏感期，孩子还有一些特别的表现。比如，端水时洒出一滴就会很痛苦；吃的苹果不能有斑点；厕所的白色便盆不能有任何黄渍；衣服不能少扣子；等等。

接着，这样的孩子又会变得对规则有要求——"我遵守规则，人人都要遵守"。比如，香蕉皮必须扔到垃圾筒里，不能乱扔；红灯亮了，即使马路上一辆车、一个人没有，也不能过马路。

同时，孩子还会特别重视别人对自己的看法，以致许多孩子出现了"输不起""批评不得"的状况，过分地争强好胜。

追求完美是一种内在的、自律的力量，完美敏感期对孩子的心理发展起着至关重要的作用。这个时期，如果孩子追求完美的心得到了满足，他就会产生"完美自律"。

当孩子上了小学后，"完美自律"对他的影响会更大。比如，做作业、画画时，他都会力求做到让自己满意。

所以，有的孩子对自己要求非常严格，这跟完美敏感期的发展是密切相关的。在这个时期，如果孩子追求完美的心没有得到满足，他以后也就永远错过了。同样，在这个时期，如果他不但没有得到正确的指导，反而得到了负面的强化，那么，他以后有可能往畸形的方向去发展。

那么，针对这些情况，家长应该怎么做？

一、顺应孩子的心理需要。

这个时期，追求完美是孩子心理发展的需要，因此，在大方向上家长要顺应他的这一需要。比如，在做饭菜时应当为孩子考虑，相对要做得小巧一些，给他完整的感觉。

当孩子因为饼干碎了而不想再吃的时候，不要勉强他全部吃掉。他的这一心理能否得到满足，对他的成长是很重要的。

有的家长看到孩子的表现时，会觉得他挑剔、浪费。其实，家长并不了解孩子这样做的原因，一遇到他"挑剔"便呵斥他，搬出"谁知盘中餐，粒粒皆辛苦"的大道理数落他。

这样的教育不但收不到好的效果，反而会有负面影响。因为，它会强化孩子的这一行为，并且让他认定自己就是一个"挑剔""浪费"的孩子。

二、给孩子更多的理解。

当孩子进入完美敏感期后，他会非常在意周围的事物是否符合自己的审美要求，是否完整得没有缺陷——如果不是，他便会哭闹，或是奋力将其恢复成自己心目中的模样。

家长明智的做法是，给孩子更多的理解，不要与他争论。如果能够满足他的要求就尽量满足，如果做不到，也要理解他，安慰他的情绪，切忌谴责他的行为。

发现孩子正处于完美敏感期时，家长要注意不能破坏他对完美的需求——如果不小心破坏了，还要尽力帮他恢复。

5.人际关系敏感期：用奥特曼换来一张小卡片

下午放学回家后，5 岁的晨晨掏出一张卡片跟妈妈显摆："妈妈，你看，这张小卡片我可以画成咱小区的地图呢！"

妈妈看见儿子手上拿着一张不起眼的小卡片，随口问道："从哪里捡来的啊？"

"不是捡的，是我用奥特曼跟东东哥哥换的。"晨晨回答道。

妈妈一听，走到晨晨跟前拿起小卡片看了看，发现没什么稀奇的，于是质问道："你竟然用爸爸给你买的奥特曼跟别人换来这么一张毫无用处的卡片，你那个奥特曼可是爸爸花了 200 元买的呀！这一张小卡片有什么值钱的？"

晨晨不屑地回答道："我特别喜欢这个卡片，我最近不喜欢玩奥特曼了。"

交换是孩子之间的一种交往行为，3 岁后，进入人际关系敏感期的孩子，更是懂得通过赠送零食等方式赢得友情。渐渐地，他会发现交换玩具等物品的方式所产生的友情更长久，于是，孩子之间就出现了交换行为。

但孩子之间经常会出现大人眼中的"不等价交换"。比如，一个洋娃娃换来一个塑料瓶；一辆电子玩具车换来一本破旧的图画书。由于物品的价值不同，有贵的有便宜的，一些家长就会对孩子"不等价交换"的行为产生了不满。

所谓的"等价交换"，在大人看来是以金钱为标准的，但孩子眼里没有金钱的概念，只有自己的衡量标准。他们交换的理由，是对方"最珍贵的物品"——在他们看来，这两种物品即使不等价，交换也是合理的。

因此，对于孩子的这种行为，家长不必太过紧张，也不必在意"吃亏"或者"占便宜"。因为在这一过程中，孩子所产生的成就感会使他内心中的自我变得更强大。这种自我认识，绝对不是一个水杯或者一盒水彩笔能换来的。

作为家长，要想陪孩子顺利度过人际关系敏感期，需要注意以下几点：

一、不要以大人的成见看待孩子的交换行为。

交换是孩子赢得友谊的一种方式，家长不要以大人的成见看待他的这种行为。因为，三四岁的孩子没有"价值"的概念，更不懂"等价交换"。

在这种情况下，家长向孩子灌输"占便宜"或"吃亏"的概念非常不可取，这会导致他的自我意识不能得到自由发展。当然，当他"吃亏"了，家长也不要说他"笨""傻"之类的话，以免打击他的自信心。

二、告诉孩子交换后不后悔。

当孩子在交换玩具后后悔了，或者把玩具弄丢了、玩坏了，然后他希望要回原来属于自己的玩具时，家长一定要告诉他交换后的物品已经有了新主人，新主人会爱护这个物品的。

4岁的蓝蓝送给幼儿园小朋友一个玩具王冠，然后从对方那里得到一张兔子贴纸。

可是，蓝蓝回家后玩了一会贴纸，觉得没有意思，就对妈妈说："我现在不想换了。"

妈妈郑重地对她说："你说过的话要算数，答应别人的事不能反悔的。而且，贴纸也被你玩过了。"

妈妈的做法不仅让女儿学会了做事不能后悔，还让她学会了兑现承诺，这种做法值得各位家长借鉴。

三、鼓励孩子交换和赠送。

交换是孩子人际关系敏感期的重要表现，家长不仅要理解，还要为他创造交换的条件，鼓励他用交换、赠送的方式赢得友谊。

一位妈妈为了鼓励孩子跟同龄小朋友一起玩，就跟小区里的其他妈妈商量，把每个月的最后一个周日定为孩子们的"玩具交换日"。这一天，这个小区的同龄小朋友都会在一起分享互相赠送玩具的乐趣。

这种方法值得家长学习。当然，在这个过程中，家长不要干涉孩子的行为，也不要随意给他建议，让他自主地选择进行交换即可。

第四章
敏感期的"怪"问题

1. 性别敏感期：帮助孩子建构性别图式

由于爸爸经常在外地出差，3岁的冬冬一直由妈妈和奶奶照顾。

平日里，冬冬看到妈妈每天早晨打扮得漂漂亮亮去上班，有时也会有意无意地拿着妈妈的花裙子往身上套，还学着妈妈的样子用水彩笔给自己化妆。

看到儿子经常把自己涂成大花脸，一开始妈妈并没有在意。可是，有一次儿子尿尿时也学着女孩子的样子蹲在地上，妈妈看到后就问他："男孩子哪有蹲着尿尿的？"

冬冬一脸懵懂地说："妈妈，我也想当女孩呢！当女孩能穿漂亮的裙子，还能扎小辫。"

妈妈听后，训了儿子一顿："以后不许胡说啊！男孩就是男孩，女孩就是女孩，哪能随便换过来！"

绝大部分孩子在3岁左右时，会对自己的性别有一定的理解和认同。他的性别意识和角色的发展，来自父母的教养以及自身的认知。

与其他机能的发展一样，孩子对性别的认同及其性别角色的发展也存在一个关键期，这就是性别敏感期。

一般而言，3 岁左右出现的性别敏感期，对孩子的性心理，包括性别认同和性别角色的健康发展十分重要。他开始能够分辨男女时，观察和模仿就成了性别角色发展的重要途径。

为了帮孩子获得正确的性别认同，家长需要注意以下问题：

一、不要跨性别去教养孩子。

2 岁前是孩子接纳和认同自己性别的关键时期，如果家长对他进行长期的跨性别教养，会导致他出现性别认同障碍。

比如，有的家长把男孩当女孩来养，给他穿裙子、梳小辫等，将会干扰他对自己性别的认知，导致他无法将自己的身体结构与性别的其他特征相统一，最终形成性别认同障碍。

孩子对自己性别的认同，对于自我概念的形成非常重要。一些被跨性别教养的孩子，成年后通常会对自己的性别有些不认同。对于有性别认同障碍的孩子，获得帮助越早，效果就会越好。

二、真心接纳孩子的性别。

家长对孩子性别的真诚接纳，才能够让他认同自己的性别。如果家长不满意孩子的性别，比如重男轻女，并在他面前无意地流露出一些想法，会影响他对自己性别的接纳。

最简单的一个方法，就是在孩子开始练习小便的时候，家长要以符合他性别的方式来训练，这有利于他认知自己的性别，也有利于他融入同伴群体。

三、给孩子树立性别榜样，帮助他建构性别图式。

在性别敏感期，家长要为孩子树立性别榜样，帮助他建构正确

的性别图式。比如，男孩需要找到男人的感觉，有时会有说脏话的表现；大一点的男孩还会用抽烟等方式来展示自己——要知道，得到他人的认同，这是孩子成长的一个过程。

家长需要给孩子一些精神方面的营养，带他看一些表现男性勇敢、责任、担当、尊重女性等绅士素养的电影或书籍，让他懂得好男人是怎样炼成的。

孩子对男性和女性的生理特点、行为以及人格特质的心理表现，构建了他对性别的完整理解，这种理解就是他的性别图式——他将按照自己构建的性别图式，来构建心理性别以及性别角色。这就需要家长的耐心引导。

孩子在 3 岁左右会确认并理解自己的性别，在 4 岁左右会表现出对自己的性更深入的认同。在此阶段，女孩开始爱美，喜欢挑剔每天穿的衣服，而且要按照自己的意愿来打扮，比如，有时候冬天也要穿纱裙。有的女孩喜欢用妈妈的口红涂嘴唇，还要涂指甲油。

聪明的妈妈会满足女儿的要求，即使在大冬天也会按照她的要求给她穿上纱裙，只是另外在纱裙外面再给她穿上保暖衣。

在这个阶段，男孩也会在外形上关注自己，比如，他会在服饰上关注自己是否显得有雄性气息。有的男孩会喜欢穿超人装、蜘蛛侠装，还喜欢披着一件大大的披风去幼儿园。

有的男孩喜欢带着机器人、玩具枪等显示雄性气息的物品，甚至在语言上也会说一些很男人的话，比如"妈妈，我来保护你"之类的。这都是男孩在这个年龄阶段性别发展的重要行为。

另外，男孩的女性化倾向存在两个因素，其中，先天因素无法改变，而后天的教养环境能起到重要作用。

如果男孩的爸爸经常不在家，陪伴他成长的时间就很少，这会使他在性别认同的关键期缺失爸爸的榜样，转而认同妈妈和奶奶、姥姥等这些女性。等女性行为模式慢慢地被他吸收后，最终会导致他的女性化。

当下，很多家庭都存在爸爸"缺位"的状态，他要么是常年离家工作，要么是早出晚归，很少有与孩子在一起的时间。这对男孩来说，缺失了男人榜样的引领；对女孩来说，也缺失了一种学习与异性相处与交流的契机。

家庭成员之间情感的交流和互动，需要每一个家庭成员的配合，这是帮助孩子建构性别图式最好、最直接的方式。

四、满足孩子对异性习性的好奇。

如果孩子偶尔跨性别地穿着服装或者扮演角色，这不是性别认同障碍的表现。在 3～6 岁这个年龄段，出于好奇心，孩子会有体验异性打扮的想法，主要是穿异性服装、梳异性发式。

比如，男孩提出来想穿妈妈的裙子，或者像女孩那样留长发、扎蝴蝶结等。女孩也会拒绝穿裙子，希望像男孩那样穿裤子、留短发等。作为父母，要满足孩子在这个年龄段对异性服饰的好奇心。

3 岁左右的孩子，有时候会喜欢模仿和体验异性小便的姿势，男孩模仿女孩蹲着小便，女孩模仿男孩站着小便。

看到这样的模仿行为，家长不要强行粗暴地进行干涉，也不要

责备孩子，及时帮他换下弄脏的裤子或鞋子就可以了。因为，当孩子对异性小便方式的好奇心得到满足后，这样的行为便会自动停止。

同时，孩子在同伴群体的影响下，为了被大家接纳，他也会积极主动地采用符合自己性别的小便方式。

五、给孩子选择玩伴的自由。

孩子有选择自己玩伴的权利，一段时间内他喜欢同性玩伴，一段时间后他又喜欢异性玩伴，家长要顺其自然。孩子会按照自己的发展需要选择玩伴，不论是同性玩伴还是异性玩伴，他都能从中获得不同的人际交往能力，家长无须担心。

2. 婚姻敏感期：保护孩子的情感表达

有一天，妈妈接都都从幼儿园回家。路上，都都突然歪着脑袋对妈妈说："妈妈，我可以跟你结婚吗？"

妈妈笑着问他："为什么呀？"

"因为妈妈是这个世界上最漂亮的新娘子呀！"

"可是，妈妈已经跟爸爸结婚了，不能再跟你结婚。等你长大后，应该找个跟你年龄差不多的女孩结婚。"

"那我想跟丫丫结婚，她是我们班上最漂亮的女生。"

"可是，你们现在还小，得长大了才能结婚。也许毕业后，你们可能就不在一起上学了，不能天天遇到了，那你上哪里找她啊？"妈妈故意逗儿子。

"那我会让大鲨鱼去找她呀！"儿子一边踢着小石子，一边天真地回答道。

妈妈听后，笑得前仰后合，觉得儿子真是太可爱了。

3 岁左右的孩子，对自己的性别已经有了明确的认知。3 ~ 6 岁的孩子能朦朦胧胧地认识到婚姻是两性间的基本关系，是要双方共同打造的最亲密的关系。

孩子开始对异性有朦胧的好感，这就是所谓的婚姻敏感期。处于婚姻敏感期的孩子，基本特征有以下几点：

一、讨好。他会把最心爱的东西送给自己"追求"的对象。

二、"爱上"。对一个自己喜欢的伙伴，他会时时处处关心对方，关心他与别人的交往，关心他对自己的态度，由此判断自己在他心目中的位置。

孩子也会经历"单相思""失恋"等情况。当"两情相悦"时，他会体会到强烈的自我认同感，经常会跟父母说起要跟谁结婚的话，"他是她的王子，她是他的公主"。

从四五岁开始，孩子就对人群组合发生了兴趣，并展开对各种组合形式的探索。婚姻敏感期是儿童诸多敏感期中最可爱的一个，是他认知社会关系的一个必经过程。

由于婚姻的组合形式离儿童生活最近，所以他的探索就会先从

婚姻开始。这时，他会研究谁跟谁结婚了——如果他喜欢一个人，就会要求与对方结婚。

在婚姻敏感期，孩子发现了情感，练习处理情感，从而认知了人类社会的组成形式。这一阶段，他对婚姻的真正认识，并不影响他对人群组合的认识。

这是孩子第一次对于情感的认知，家长一定要保护好他刚刚萌发的情感。当他进入婚姻敏感期，会对父母产生强烈的爱意：男孩因为不能跟妈妈结婚而愤怒，女孩因为长大后不能嫁给爸爸而烦恼。

这一时期，家长要给予孩子充分的理解，帮助他树立正确的婚姻观。

当孩子将对父母的爱转移到其他小伙伴身上时，他对婚姻的认知已经发展到了更深入的阶段。他会幻想跟喜欢的伙伴结婚，这是他对婚姻的朴素认知——相爱的人就要在一起。

家长要正视婚姻敏感期对孩子的影响，保护他的情感表达，不要用成人的眼光嘲笑他，更不要对他的言行妄加评论。当他出现上述表现时，耐心地倾听和默默地关注，最能让他感受到父母的理解和爱。

正是这些经历，会为孩子的成长积淀力量。

需要明白的是，孩子的婚姻敏感期与性无关，这时，他只是建立婚姻的概念并应用它，学习爱与被爱。爱是成长的基本需要，被爱会使孩子的自信心得到发展——通过传递爱，爱的品质就逐渐形成了。这将成为孩子婚恋观的基础。

让孩子准确理解结婚的意义，这就需要在生活中经过多次的认知，并在适当的场合中练习使用这个词。

3.探索身体敏感期：对孩子进行适当的性教育

一个夏天的周末午后，天气非常炎热，妈妈在卫生间洗澡，5岁的儿子涛涛突然闯了进来。他看见妈妈的身体后，问道："妈妈，你的身体为什么跟我不一样啊？"

这让妈妈觉得很不好意思，挥手就把涛涛赶跑了。没想到过了几天，妈妈去幼儿园接涛涛时，接到了同学妈妈的告状。

原来，女同学上厕所时，涛涛偷偷跑过去蹲在地上偷看，惹得好几个女同学都哭了。

回到家，妈妈狠狠训斥了涛涛一顿。

从3岁起，孩子就已经有了性别意识。4～5岁，孩子对性别的关注更是达到了顶点，逐渐进入探索身体敏感期。这个时期，孩子因为对男女身体构造的不同产生疑问，并竭尽可能地去观察、探索，常常会让家长感到尴尬。

当孩子对人体进行探索时，家长首先要保持平常心，因为回避

反而更加刺激他。当他了解真相后，就不会采取"偷窥"或其他方式来满足好奇心了。

回答孩子对于人体的疑问，家长虽然不一定需要非常专业和详细，但要能满足他的探索需要。同时，家庭成员要多交流。

家长跟孩子交流时，不仅要关注性别上的差异，更要关注社会行为上的不同，帮助他形成正确的性别观念。要知道，生理探索是孩子形成正确性别意识的关键期，家长的正确引导非常重要。

当孩子处于探索身体敏感期时，家长要注意自己的言行，更要对他进行恰当的性教育。孩子能否正确地看待性问题，关键在于家长是否对他进行了正确的性教育。

处理这些问题，家长要怎么办呢？

一、把性教育贯穿在日常生活中。

孩子出生后，在取名、着装、生活用品的选择上，家长就要注意"男女有别"，以免他从小对自己和他人形成性朦胧意识，从而影响性取向。

当孩子能听懂言语时，家长就要把性教育贯穿在日常生活中。如在洗澡、发型及玩具等方面，要有明确的性别区分。

还可通过书报、画册、影视作品、故事等去引导孩子观察动、植物的生长和繁殖，使他对生殖产生一种自然的认识，从而使他接受大自然、热爱生命的本质。

二、正确应对孩子之间爱玩的探索身体游戏。

探索身体的游戏，在3～6岁孩子的生活中很普遍。

一项针对全国各地 500 位幼儿园老师进行的调查发现，78.26%
的老师看到过异性孩子拥抱或玩过家家游戏；71.01% 的老师看到过
异性孩子亲吻；37.68% 的老师看到过孩子互看生殖器；14.49% 的
老师看到过孩子互摸生殖器。

然而，一些家长由于不理解孩子这样的行为，通常会对他探索
身体的游戏进行负面评价："这是错误的行为！""不能再做这样
丢人的事！"甚至，有的家长还会因此打骂、羞辱他们。

殊不知，孩子性心理的发展通常以一定的行为和方式来呈现，
这表现让他会进行与探索身体有关的游戏：拥抱、亲吻、互看生殖
器、互摸生殖器、过家家、结婚、生孩子等。

探索身体的游戏，在孩子的生活中很普遍，因为他通过这样的
游戏会认识自己和他人的身体，学习与他人身体接触的方式。他们
在游戏中能获得社会性、身体以及智力方面的发展。

作为家长，面对孩子进行探索身体的游戏时，要做好对他的
引导。要记住，家长千万不能打骂他："做出这样的事情真下
流！""你真给我丢脸！"

自尊是一个人内心深处良好的自我形象的外在反映，羞辱和打
骂会伤及孩子的自尊，不利于他构建健康的人格。

虽然孩子之间玩探索身体的游戏是普遍行为，但不能鼓励和支
持，家长在发现他玩的时候，要保持尊重的态度，并引导他遵守社
会规则，这种双管齐下的方法是最佳的处理原则。

正常的探索身体游戏，必须具备两个重要的特点：第一，孩子

在进行游戏的时候不会刻意避开他人；第二，孩子的游戏行为不是对成人性生活的模仿，而仅仅是游戏。

对于非正常的探索身体游戏，家长要及时阻止，并对孩子进行保护隐私教育。

三、不回避，满足孩子的好奇心和求知欲。

在家庭生活中，家长要选择适当的时机，比如在洗澡、睡前很自然地让孩子认识自己的身体，尤其是要他认识到生殖器官与人体的其他器官一样，并不神秘。而且，还要引导他要保持身体清洁，养成良好的卫生习惯。

当孩子提出有关性方面的疑问时，家长不要回避，宜用他能理解和接受的言语和方式予以解答，使他的好奇心和求知欲得到解决和满足。

总之，对处于身体探索敏感期的孩子进行性教育时，既要如实相告，又不能太复杂——既要满足他的好奇心和求知欲，又要把一些具体细节很自然地延迟到他未来的生活中，让他自己去了解。

同时，家长自身的模范作用也很重要。父母之间感情真挚、融洽，给孩子树立了好榜样，就会使他热爱生命、热爱生活，正确对待面临的一切问题。

4. 打听出生敏感期：人类最古老的哲学问题

有一天，6岁的豆豆看到妈妈上完厕所用的卫生纸有些血色，不解地问是怎么回事。

妈妈坦然地告诉儿子："妈妈来例假了，这是女人每个月都有的事。"

"例假是什么？"豆豆开启了打破砂锅问到底的模式。

妈妈不知如何回答，含糊地说："妈妈每月会排卵，卵子遇到爸爸的精子就会生出孩子来。"

"那我是从哪里来的？是怎么生出来的呢？也是你的卵子遇到了爸爸的精子生出来的吗？那什么是精子、卵子呀？有个同学说，妈妈的肚子里有口袋呢，妈妈又不是袋鼠，怎么能有口袋呢？是吧，妈妈？"

儿子一连串的提问，让妈妈难以招架，不知如何回答。

一般来说，孩子会在4岁左右开始进入打听出生敏感期。从这时开始，他通常会询问自己从何处来，并且一遍又一遍地问。

家长的回答不能有一丝的马虎，因为这是孩子安全感最早的来源，也是人类最古老的一个哲学问题：我从哪里来？

如果孩子到了打听出生敏感期，家长一定要做到有问必答，而且答案要简单、直接，让孩子能够理解，不要随口编造："你是从路边捡回来的。""哦，你是充话费时营业厅送的。"这样的话会会误导孩子正常的心理发展。

如果孩子不再追问，家长就不要继续讲解更深的知识了。如果他继续追问，建议家长认真地拿出百科全书，将生命形成的全部过程科学地讲给他听。

5. 社会规范敏感期：如何向孩子解释"死亡"

每天晚上，妈妈都要给5岁的女儿欣欣讲故事，以此哄她睡觉。

一天晚上，妈妈正给欣欣讲着故事，欣欣突然说："妈妈，我不想长大，如果一直能这样的话多好啊！"

妈妈说："傻孩子，每个人都会长大的，等你长大了就会变成漂亮的大姑娘，还可以上大学。"

"可是，等我长大了，妈妈是不是就会老了？"

"是啊，到那时候，妈妈就老了。"

"那妈妈老了后，会不会死啊？"

妈妈想起来了，女儿之所以会问出这样的问题，大概是因为两天前她看了一部动画片，片中讲述了一个悲惨的死亡故事。

这时，妈妈轻轻地搂着欣欣，安慰道："每个人都是从小小的婴儿长到少年，然后长大再变老，最后都会死去的。这叫作自然规律。"

谁知道欣欣听后，默默地趴在妈妈身上哭了，还不断地说："我要活到100岁，爸爸妈妈也要活到100岁，我们最好都不要死。"

妈妈看到女儿的这种反应，一时也不知说什么好了。

3～6岁的孩子，开始进入社会规范敏感期，这时他会逐渐脱离自我中心，而对群体活动有明显的兴趣，也会相应地提出问题。

当孩子提出关于"死亡"的问题，很多家长会避而不谈。其实，孩子需要在具体的社会性行为（事件）中经过亲自认知、自我调整，从而完成自我建构。

社会规范敏感期的教养，有助于孩子学会遵守社会规则、生活规范，以及日常礼节，家长抓住时机进行教养，显得尤为重要。

生活中，很多孩子害怕死亡，大致是他的生活经验所致。一般而言，孩子接触到死亡的最直接经验，通常是自己饲养的心爱的小动物死了，他会感到伤心、难过，进而产生对死亡的恐惧。

当孩子接触"死亡"这个概念，并向父母提问时，父母常常会表面化地用可怕的言辞来描述，比如，人死了世上就没有他了，他就再也看不到世界了——这不会使孩子能正确地认识死亡的概念。

当孩子不听话时，有些家长常有意无意地以死来恐吓他，这种不良的教育环境也会影响他。

孩子在看了一些儿童不宜的恐怖影视作品后，也会产生对死亡的恐惧。

成人面对亲人死亡的极端悲痛反应，也会影响到孩子。

家人生病或受到创伤时，大人焦虑、紧张的表情都会直接影响到孩子，引发他惧怕死亡。

当孩子处于社会规范敏感期时，父母传递给他的态度和认知非常重要。

孩子提出关于死亡的问题，家长不要惊慌失措，或慌不择言地应对，或一味地回避，或严厉地斥责——这些都不可取。

死亡是孩子在成长过程中必须学习的一个概念，家长否认或逃避只会增加死亡的神秘感，引起他不恰当的想象。孩子只有正确地理解死亡后，才能尊重生命。

要避免将两种极端的态度传达给孩子，一种是对死亡的极度恐惧；一种是不怕死。一般情况下，不要无缘无故地突然跟孩子谈论死亡，只有当他有疑问或遇到恰当时机时才能提及。

针对不同年龄段的孩子，运用的方式也要有所不同。比如，家中有亲人去世，家长要指出悲伤、哭泣等是每个人不能避免的，除了教孩子走出悲伤外，还要教会他如何面对消极情绪以及怎样去消除。

很多家长认为孩子太小，应该远离悲伤，这只是一厢情愿的想法。家长要提供给孩子健康的情感模式，允许他去笑、去哭，而不是教他逃避。

同时，正确应对孩子提出的死亡问题，还有利于他同情心的培养。比如，当孩子发现家里的小狗死了以后，家长可以利用这个机会给他讲解小狗为什么会死。

孩子也许会给出各种各样的答案，比如，因为冷了、饿了或病了……这时，家长要跟他进一步讨论如何避免让小动物死亡：它们如果饿了，就喂它们食物；如果冷了，就给它们取暖；如果病了，就喂它们药……

在家长看来，这些事很简单，却能让孩子知道什么原因会引起死亡，又让他了解了怎样才能避免意外的死亡。更重要的是，这样做培养了他的同情心。

第五章
抓住敏感期，开启天赋之窗

1. 细小事物敏感期：培养孩子的观察力

有一天，妈妈在缝衣服扣子，每缝完一个，就会从针上拆下一小截线头。3岁的妞妞就在一旁不停地用手捏起小线头往空中扔，看着线头慢慢落地，自己还"咯咯"地笑。

妈妈看妞妞开心的样子，自己也笑了起来。于是，缝完扣子后，她索性取了长长一大截棉线，剪成许多小线头跟女儿一起玩了起来……

不久，妞妞突然有了一个新癖好——收集头发丝。不管是妈妈的、爸爸的，还是她自己的，她都宝贝似的捡起来，然后藏在自己的枕套里。有时候，她还会对着小枕头说悄悄话。

一天，妈妈洗枕套的时候扔掉了这些头发丝。

妞妞晚上睡觉时，忽然发现自己的"宝贝"不见了，就跑去问妈妈。妈妈告诉她，那些东西不卫生，所以都扔了。

妞妞听后，"哇"的一声哭了起来，而且哭了许久，直到睡着后做梦都在哭。

妈妈有些不知所措：那些头发丝对孩子有这么重要吗？

小线头、小纸屑，甚至是头发丝，这些东西在大人看来完全就

是垃圾。但当孩子处于关注细小事物的敏感期，这些东西就是他的宝贝。所以，家长不要刻意阻止孩子对这些细小事物的关注。

许多家长都会遇到这样的情景：孩子蹲在一个地方一动不动，眼睛只盯着地上爬来爬去的小蚂蚁；或者，看到地上的小石子，孩子就会跑过去一个一个地捡起来。

孩子的这些举动，在家长看来也许会觉得无所谓：蚂蚁有什么好看的？小石子有什么意思？但孩子的心里却完全不这么想，在关注细小事物的敏感期，他对这些小东西都会有莫大的兴趣。

每个孩子都要经历这个特殊时期，在这个时期，越是微小的东西，越能引起他的兴趣。有时候，这个时期被某种因素耽搁后，它的发生还有可能推迟。

在这一时期，蚂蚁、小石子、小豆子、野花等微小的事物，在孩子的眼中都是无比神奇，且又充满无限乐趣的。尤其对于蚂蚁，孩子会用各种方式来表现他的热情。

这时家长要放平心态，不要因为孩子观察蚂蚁而觉得无聊，也不要因为他数花瓣而觉得那是在浪费时间。这种对微小事物的细心观察，将对孩子心理的发展以及观察能力的提升会产生很大的积极影响。

一般来讲，在 1.5～2 岁，孩子开始进入关注细小事物的敏感期，这会一直持续到 4～6 岁。

在这个时期，家长不要用成人的眼光去看待孩子的行为，要允许他进行观察，并通过适当的引导保护他的观察兴趣。要给予他足够的时间，要表现出足够的耐心，这种有意识地对他的观察能力的培养，有助于他养成细心的好习惯。

当然，这个敏感期将会随着年龄的增长而消失。一旦家长发现孩子开始学着自己有模有样地扫地、收拾物品的时候，那就意味着他的这一敏感期已经过去了。

这也表明，孩子正在成长，他对周围环境的认识也发生了深刻的变化，他逐渐认识到自己是生活在社会群体之中的。

在细小事物敏感期，孩子往往多会关注事物的细枝末节，越是微小的东西，他关注得越多。作为家长，抓住这个敏感期培养孩子的观察力和专注力，则显得至关重要。

那么，在这一时期，家长要怎么做呢？

一、给孩子创造适当的观察机会。

家长要为孩子创造观察的机会。比如，带他一起寻找路边的蚂蚁洞，并陪着他一起观察。在这个过程中，家长也要给孩子做一些讲解，让他既能体会到观察的乐趣，还能从中学到知识。

当然，家长为孩子创造机会时，也要注意保证他的安全。比如，不要让他在车辆经过的路边等地方观察蚂蚁，更要适当控制他的观察时间，以免造成其他意外伤害。

二、别强行打扰孩子的"观察工作"。

孩子的观察在他自己看来，其实也是一种"工作"，一种值得他聚精会神地去做的"工作"。有许多家长却会在孩子观察某些东西的时候，直接就去打扰他，甚至阻止他——家长表现出的训斥、

威吓，会对孩子的心理产生消极影响。

所以，家长不要强行打扰孩子的这种"观察工作"，完全可以给他一些时间，最后让他主动放弃。也就是说，家长不要去破坏他的认知过程，这是他在培养专注的品质。

三、不要强制性地培养孩子的观察能力。

一些家长有这样的认识：既然观察细小事物能培养孩子的观察能力，那就直接将许多小东西摆在他面前，让他一一观察好了。

这样的方法就是在强制性地培养孩子的观察能力，并不一定会引起他的兴趣。这是因为，孩子都是先对某一种小事物产生了兴趣后，才会积极地去认知这一事物的。

四、多带孩子感受大自然，让他自己去观察。

对于刚刚开始认识世界的孩子来说，大自然是他最好的老师。所以，家长要多带孩子进入大自然，让他去亲身体会并观察事物。

孩子接触大自然的时候，家长不要提前给他设定一个目标，就是说非要让他去认识什么，这会阻碍他体验大自然的乐趣。家长要明白，处于这一敏感期的孩子只愿去观察他感兴趣的事物，所以，家长要以孩子的兴趣为主，进行"针对性教学"。

五、别随意丢弃孩子收集的小东西。

当孩子对一些小东西格外感兴趣的时候，他就会自己去收集。有时候，家长会很不理解孩子的这种行为，因为他收集的东西既没有收藏价值，也没有学习意义。

其实，孩子的这种收集行为只是他心智发展的需要。因为，他感觉到自己的弱小，但又无法改变这一事实，于是他就会关注一些与自己同样弱小的事物，甚至会把爱转移到这些事物上来。

对此，家长不要随便丢掉孩子的收集品，而是要给他找一个小盒子让他专门存放收集品，以此来保护他的这种行为和心理。

六、可以为孩子"创造"一些小东西。

像小线头、小纸屑等一类东西，对孩子来说不具有什么危险性，而又是他感兴趣的。所以，家长要为他创造一些类似的小玩意儿，让他自由地去玩耍。如果条件允许，家长还要跟孩子一起玩，这样，既让孩子体会到了快乐，也加深了亲子间的感情。

七、对不安全的小物件要提高警惕。

孩子对细小事物的关注，家长要保护，也要提高警惕，因为一些小东西也许有潜在危险性。

比如，一些玩具里有很小的塑料球，家长要注意千万不能让孩子误吞下去。小粒药丸也要放在他够不到的地方，食品里的干燥剂，地上的老鼠药、蟑螂药等，更要引起重视，不要让他误食。

总之，家长要让孩子既能感受到关注细小事物的乐趣，培养他的观察力，又要保证他的健康与安全。

2.空间敏感期：建立三维空间感的开始

3岁的东东最近迷上了玩积木和拼插玩具，但妈妈发现：他费了好大劲垒好积木，看起来高高的像座大楼，但不一会儿就又被他推倒了，接着重新垒。

妈妈问："你都垒得那么高了，再推倒重垒不可惜吗？"

"好玩呗！"东东头也不抬地说，然后继续把积木垒得高高的，再呼的一下推倒，玩得不亦乐乎。

孩子最初是用口和手来探索世界的。当他开始行走的时候，生活空间变大了，就会开始体会世界的立体感。

孩子为什么热衷于不停地往地上扔东西？为什么对下水道井盖的洞特别感兴趣，不断地找东西往里面塞？为什么喜欢花式下楼梯？这一切的背后有个重要的概念——空间敏感期。

一般而言，孩子的空间敏感期在2～6岁，而且是持续发展的。1岁半起，他就对狭小的空间感兴趣了，遇见一个小洞，他会把东西塞进去再取出来。

孩子最早的空间智能感受，就是把一个物体和另一个物体分离。无论是喜欢爬楼梯，还是到大衣柜里、桌子底下玩耍，都是他对空间的感知。

那么，针对处于这一时期的孩子，家长要怎么做呢？

一、儿童空间敏感期的表现。

儿童空间敏感期的表现，主要是指到处爬、察看、探索。

比如，七八个月后孩子喜欢在床上爬来爬去。其实，这是他在全方位地使用他所有的感觉系统感知空间、探索空间。

再如，每当妈妈打算熬绿豆粥捡豆子时，他就凑过去抓豆子玩，把豆子撒得到处都是。当他将豆子撒到其他地方，观察豆子的落地情景时，是充满了惊喜的。他这是在感知自己与物品、空间之间的关系。

又如，他喜欢在楼梯里从上往下跳，喜欢去公园攀爬假山，喜欢走马路牙子并双手张开学着找平衡。

这时，家长不要担心，因为一个在自由环境中长大的孩子，会做与自己能力相匹配的事。家长要有耐心，在旁边陪着孩子，配合他的节奏。一般情况下，不要抱他，不要打扰他的探索过程。

这时，孩子喜欢立体拼插玩具，或者其他可以拼插的物品，把里面的东西取出来，把外面的东西塞进去；喜欢玩沙发垫子，一个一个往上叠，好不容易垒放好了，又推倒重来。

在这些操作中，孩子发现空间形状并感知序列，通过错误对应和正确对应的比较掌握空间概念，会为将来学几何打下良好的基础。

还有的孩子喜欢钻到桌子底下，或者大纸箱里，独自待在一个空间。要知道，这是他在体验单独的空间，所以请不要打扰他。

二、孩子反反复复做同一件事。

有些家长认为，孩子的空间智能是想象出来的。其实，最早的空间智能是孩子感觉出来的。孩子并不知道"你和我"之间的距离到底有多远，他是靠身体的感受才知道的，而这样的感受为他未来建立空间智能打下基础。

孩子没有出生就已经在空间之中了，也就是在妈妈的子宫里。来到世界这个大空间里，他需要不断地探索才能够建立安全感。他通过各方面的感知来探索，这是自我创造的过程，也是超越极限的过程。

不停地上下楼梯，不停地往一个盒子里塞东西，在我们成人眼里是很小的事，但这对孩子来说需要眼手脑腿的协调配合，因而显得很重要。

在最早的时候，孩子想完成这样的事需要付出很大的努力，但他就是通过不断地探索、不断地开发自我，以此建立三维空间感觉的。家长也可以参与其中，跟他一起做轻松有趣的亲子游戏，来帮助他建立空间智能。

三、保护过度会破坏儿童的空间敏感期。

家长看到孩子从高处往下蹦，通常很担心他会摔伤。那么，孩子对空间有没有感知力，他能自我保护吗？

在儿童心理学中，有一个实验叫作"试崖"：在地板上放着一个像悬崖的泡沫物体，父母让几个月大的小宝宝往那儿爬。小宝宝爬到"悬崖"附近时就会停下来，有的还会哭泣，直到妈妈微笑着鼓励他，他才会很小心地爬过去。

这说明，儿童在几个月大的时候，就已经有自我保护意识了，他对适应环境有很强的思维模式。所以，家长要克服过分的担心心理，可以站在孩子身边保护他，但不要唠叨个没完。一旦家长过度干预，就会彻底破坏孩子的思维模式，也就是破坏了他的自我保护能力。

空间敏感期的很大一部分症结，就在家长对孩子的安全问题的重视上，保护过度就会破坏他对空间敏感期的发展。

孩子的空间敏感期，家长需要有承受危险的心理能力，不要把这种危险"说"给孩子，这会给他带来巨大的危机感，破坏他的自我保护能力，同时也会让他丧失探索世界的机会。

3. 色彩敏感期：为书写做准备

图图从4岁开始，一直对剪纸贴纸乐此不疲。妈妈同时购买了涂色笔和涂色书，她一直不理，只是专注地剪纸贴纸。一晃三四个月过去了，她剪贴了几十本剪贴纸的书。

随着图图对剪纸贴纸越来越熟练，她的剪贴需求量似乎一天天减少了。某天，妈妈看到图图翻出了她曾经不理睬的那些涂色笔和

涂色书，在手边放好后就面露微笑，拿起笔随心地去涂。

看到在纸上涂出鲜艳的色彩，图图高兴地哈哈大笑，而且大声说："妈妈，你来看我涂呀，涂呀，涂呀，把它们全都涂到边上去！"

图图从此开始热衷于涂色，她一直不受涂色书上线条框框的限制，而且非常喜欢尝试不同的颜色。

涂一个小熊或一个花盆，她常常能用上十五六种颜色。十八色笔里，除了白色、黑色她用得少，其他的颜色她几乎都喜欢尝试。可即使这样，在她的每张作品中都能感到一种难以用言语表达的和谐、灵动，而且富有创意。

在对涂色最有热情的时候，整个下午，图图能喜滋滋地把一整本涂色书里自己所喜欢的图案全涂光，后来又发展到喜欢在一张大白纸上放笔"畅游"。此外，她涂色时，脸上通常带着宁静的微笑，看上去很满足。

不过，有时她也会拿着画笔在墙上乱涂乱画。卧室靠床的那一面墙，简直被她涂成了颜料墙。但妈妈没有对图图大吼大叫，因为她觉得对孩子来说，这是一种美的表达。

跟案例中这位妈妈做法不同的是，很多家长看到孩子在墙上乱涂乱画，或者画画时弄得浑身脏兮兮的，第一反应恐怕是要阻止和教训孩子的。

其实，色彩也是孩子认识世界的一部分。从一出生开始，婴儿只能认识黑、白两种颜色，所以，我们常常会给小月龄的宝宝看黑白卡。

1 岁左右，孩子会认识除了黑白以外的颜色，那就是红色。这时，家长逐渐在黑白卡中加入红色元素，以此培养孩子的观察力。

到 2 岁左右，孩子已经能辨认黄色、蓝色、绿色等色彩了。

3 ～ 4 岁的孩子，开始进入色彩敏感期，这时他特别喜欢涂色，乐于尝试各种颜色，也不喜欢条条框框的限制。而且，他会将对色彩的认识更多地体现在生活中。比如，选择玩具的颜色、衣服的颜色等。

儿童涂色的过程，为以后的书写做了准备，通过最初的乱涂乱画，他的书写才会逐渐趋于艺术美。

心理学家研究发现，颜色对儿童的智力是有影响的，因为不同的色彩会通过影响他的视觉来影响他的智商、情商和性格。比如，长时间接触黑白色，会对儿童的性格产生不良影响。

婴儿一般比较喜欢黄色、橙色、浅蓝、浅绿等较为明快的颜色，在这种色彩环境中成长的孩子，智商通常较高。

反之，婴儿长期处于较为暗淡、使人感到忧郁、沉闷，甚至产生压抑、恐惧等不良感觉的黑色、茶色等色彩环境时，智商则会相对较低，而且创造力、自信心等方面会均不如前者。这时，我们要给孩子充分的颜色来乱涂乱画，有时会惊奇地发现，他对色彩的搭配超过了我们的想象。

日常生活中，任何东西都是有颜色的，家长要有意识地强化一下，这样，孩子就能慢慢地实现感觉训练，懂得颜色的区别了。

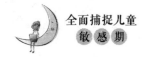
4. 绘画敏感期: 每个孩子都是小画家

琦琦从小就爱画画, 大概 2 岁时他就经常拿着画笔在妈妈给的纸上乱涂乱画。

这样, 从墙壁到床单, 从白纸到地面, 家里很多地方都被琦琦的画 "祸害" 过。但爸爸妈妈一点也不生气, 即便儿子把家里的墙面当成大画布, 他们也最大限度地给予了理解。

4 岁左右时, 琦琦迷上了画孙悟空, 那段时间, 每天放学后, 他回到家就先画画, 各种各样的孙悟空被他画了个遍。为了给他提供素材, 妈妈买来很多版本的《西游记》给他看。

妈妈过生日时, 琦琦送了她一幅画, 原来他画了一张孙悟空头顶蛋糕的画。这把妈妈逗乐了, 觉得这是她这么多年收到过的最好的生日礼物。

很多父母都会有这样的体会, 当孩子成长到某一阶段时, 他总喜欢到处涂鸦, 白墙上、地板上、衣服上……你可能正为孩子的 "捣乱" 生气、抓狂, 却没有发觉, 其实这预示着他开始进入绘画敏感期。

一位教育家曾经这样描述绘画敏感期的重要性: 如果一个孩子

在 6 岁之前没有握过画笔，那么，他的绘画天赋很可能就会由此而泯灭。

根据蒙台梭利的敏感期理论，这是一个螺旋状的敏感期，也就是一段一段的。

不足 1 岁时，孩子尝试握着画笔去自由涂鸦，像画圈圈。

1 岁以后，孩子乱涂乱画的面积变大，不止于画纸、墙壁、地板——只要他能够到的地方，无不被"祸害"。

2 岁后，孩子的绘画还是以简单、抽象的符号系统为主，可能是一条不规则的线段，或是绕来绕去的麻线团，甚至是一个个点。

3 岁之后，孩子不会再用拳头握着蜡笔，而是像大人一样用正确的姿势握笔，同时还能画出方形、圆形；也开始画小人，能表现出五官和四肢。

4 岁以后，孩子不再满足于对事物轮廓的宏观表现，开始关注细节。

5 ～ 7 岁，孩子开始热衷艺术创作，也开始通过绘画来表达自己对生活、自然、周围发生的事情的真实感受。他想尝试更多的创作手法，享受更多新奇的创作材料。

虽说画画是开发右脑最好的方法，但孩子画画时是左右脑一起开工的。所以，他思考画什么、怎么画，以及他对手部运动的控制，这些都会促进他的左脑的智力开发。同时，孩子无意间还培养了对颜色、形状、空间位置的判断、认知能力，这些对右脑智力的开发也很有益处。

绘画能提高孩子的观察力和记忆力，他一开始画画都是对事物轮廓进行宏观的表现，慢慢地，他会加大自己的观察力度。孩子4岁之后的作品，一般就更细致、更具体了。

在绘画过程中，孩子看似画得杂乱无章，其实是想象力和创造力的任意驰骋，他的内心自有感受和章法。

儿童心理学研究表明，绘画不仅能增强孩子的成就感，还能让他学会发泄不良情绪。在心理治疗当中，孩子的语言表达能力有限，咨询师可以通过画作来分析他的心理活动，他的绘画能力会随着语言表达能力的提高而提高。

日本儿童教育专家、画家鸟居昭美说过："在孩子小时候，我们是'听'他画画，而不是看。所以说，就算我们不想让孩子成为画家，也应该让他多画画，毕竟这确实能提升他的很多能力，还能帮他宣泄不良情绪。

"然而，单就绘画而言，线条、颜色的运用，构图比例的大小，绘画的结构等，不仅不能让孩子走进艺术的殿堂，反而有可能在孩子与艺术之间隔开一道道鸿沟，让孩子在绘画时不能随心所欲。"

毕加索说："我在小的时候已经画得像大师拉斐尔一样，但是我却花了一生的时间去学习如何像小孩子一样作画。"每一个孩子天生都是艺术家，而家长只需要找到那把激发他艺术潜能的钥匙。

那么，对于处在这一敏感期的孩子，家长该怎么做呢？

一、顺应孩子的天性，给予他充分的自由。

很多学习型家长对敏感期有一定的理解，并且知道该顺应自然规律，引导孩子进行相应的能力拓展，太过激进的引导可能会"揠苗助长"。

因此，这样的家长能把握好"度"，那就是当孩子有兴趣的时候能给予他刺激。比如，给孩子买一些色彩鲜艳的绘本，一旦他想看书了，便让他观察里面的内容和色彩的搭配，给他讲解其中的内容。

二、不设限，学会读懂孩子书写绘画的行为。

面对孩子的画作，家长最重要的就是不设限。因为，通常当家长对孩子画画这件事认真起来时，同时也会踏入另一个误区：过分追求孩子画得"像不像"。要知道，在孩子的绘画敏感期，独创性比"画得像"重要得多。

孩子的画通常都是抽象的，以致很多家长以为，他就是漫无目的地涂抹而已。实则不然。绘画教育家李钊认为，幼儿的涂鸦虽然只是游戏，不需要高深的绘画技巧，但其中的内容却会透露出他的一些思维方式或心理情感。

因此，家长只要欣赏孩子的行为，找出他的优点就可以了，并不需要对他进行专业的绘画指导。

三、抓住敏感期，早教更科学、有效。

绘画敏感期也是孩子审美与艺术感觉培养的关键时期，这时，孩子对形状、颜色的敏锐度极高，家长要适当地进行一些训练。比如，做一做色彩搭配或多种颜色的混合调配，找一些不同形状的画面，让孩子感受色彩、形状在变化间的神奇之处，从而逐渐建立自

己初步的审美感觉。

四、借助专业工具，让孩子的行为变成习惯，习惯变成爱好。

都说习惯成自然，因此，只要家长用心，孩子在绘画敏感期便会逐渐养成一种习惯，不时再为这种习惯加点料，便很容易让他养成一种爱好。

孩子通常都是在纸上或墙上写写画画，如果换一个方式，他便会产生更大的新鲜感，这就需要借助一些工具了。

孩子天生就是艺术家，他不用像毕加索一样用一生去学习，家长只需要抓住他的艺术启蒙关键期，带着他去感受、体验、发现生活中的美，多听、多看、多去接触大自然中神奇与美好的事物，用自己喜欢的方式去表达就好了。

5.阅读敏感期：让孩子感受书香的魅力

笑笑的妈妈从事策划文案工作，因为兴趣爱好，加上工作性质，她买了很多书。无形中，喜欢读书的妈妈影响了孩子，从1岁半开始，笑笑每天都要让妈妈为她读故事书入睡。

平时在家里，笑笑也喜欢翻书看。不管是出门旅行，还是回老家，给笑笑随身带上两本书几乎成了妈妈的习惯。

几年坚持下来，6 岁时的笑笑明显比同龄孩子想象力更丰富，认字也更多。

莎士比亚说："书籍是全世界的营养品。"历史上有很多名人都酷爱读书，自幼就开始与书为伴。早期阅读对一个人的成长起着重要作用，是幼儿增长知识、开阔眼界和陶冶情操的有效方法，对孩子的一生会产生深远的影响。

然而，如今很多家长抱怨孩子不愿意读书、不喜欢读书。其实，很多时候是因为家长不经意间错过了孩子的阅读敏感期。

阅读敏感期一般在孩子 3 ～ 5 岁的时候来临，有些智力较差的孩子会滞后，但一般不会超过 6 岁。在阅读敏感期，如果家长没有为孩子提供相应的条件去培养他，那他以后往往更难养成阅读习惯。

美国生理学家玛莉安·伍尔夫通过研究儿童阅读时的大脑变化发现，儿童阅读是左右脑一起运行的，而过了这个时期，他学习语言的能力会开始退化；成年人在阅读时，通常只有一个脑半球在工作。

家长在培养孩子的阅读习惯时，需要注意以下几点：

一、挑选合适的书籍。

孩子并不是对所有的书都喜欢，这就要家长根据孩子的兴趣爱好挑选他喜欢的书。如果遇到新知识点，要从普及书开始读，再渐渐深入地了解。

3 岁以前的孩子，可以给他读一些彩色图书，让他认识车辆、

水果、动物等。岁数大一点了，就让他读有趣的故事书。上小学后，就要让他涉猎文学作品了。

二、劳逸结合，不想读书的时候不要强迫。

孩子读书需要一个循序渐进的过程，家长要注意控制读书时间，每次半个小时就差不多了，以免他长期疲劳阅读后开始厌恶读书。另外，他不想读书的时候就不要强迫他，以免让他产生逆反心理，这样他会更加讨厌读书。

三、阅读不以识字为目的。

家长在为孩子逐字朗读的时候，要一边用手指引导他注意每个字的字形，同时读出每个字的发音。这样，他就能在看书的过程中把字音和字形一一对应起来，从而对这个字就有了简单的认识。

在以后的阅读中，同一个字，孩子会在不同的语言环境中多次遇见。这样，一方面会让他有一定的亲切感；另一方面，也能不断地加深和丰富他对该字的理解。

四、重要的不是在阅读中学习，而是学会阅读。

有些家长认为，早期阅读的最大好处是让孩子开阔视野、学习知识。其实不然。早期阅读除了它发生的时间早以外，更重要的是，它与普通阅读的目的不同：早期阅读是让孩子学会阅读，而不是在阅读中学习。

所谓"学会阅读"，就是指体验到阅读的乐趣，掌握阅读的技能，养成阅读的习惯。强调阅读不以识字为主要目的，也不是为了学习知识等，而是为了让孩子能够把阅读活动与一切愉快的情绪体验联系起来，让他从此喜欢上阅读。

五、讲求方法，享受过程。

阅读重在享受过程的快乐，跟孩子一起阅读不只是一种读书的形式，多数时候是一种观念——家长只有树立了这样的观念，才能留心、用心，把阅读带进日常生活中。

下面具体的阅读方法对家长有一定的帮助：

一、朗读法。

家长用自然的气息、清晰而响亮的声音、正确而流畅的语音，把图书中的内容一字一句地念给孩子听。

这是一种旨在使儿童通过语言接受图书信息，具有传递关系的指导方法。

朗读图书是最简单、最方便的一种指导方法，而且，有学者通过研究发现，朗读对儿童早期阅读的提高具有十分积极的意义。

二、讲故事法。

家长以口语的形式，加上适当的表情、动作，把图书里的故事讲给孩子听。

美国有一项研究发现，儿童听成人讲故事是一种社会性交往活动。讲故事是用交谈或对话方式进行的活动，这对儿童的阅读能力和认字能力的发展有很大的影响。

在讲故事的同时，家长可以引导儿童一边听故事，一边看图书插图及文字，这能促进他理解口语和书面语的对应关系。

三、讨论法。

家长与孩子一起围绕所阅读的图书提出简单的问题，进行相关的讨论，以帮助孩子更好地理解图书。家长要一边朗读或讲故事，一边与孩子进行讨论，也可以进行阅读前或阅读后的讨论。这是一种儿童与成人共同获取图书信息、共同建构意义的关系。

四、故事表演法

阅读故事书后，在家长的引导下，让孩子以玩偶或自己扮演角色的形式，把故事的内容、情节表演出来。

这是在图书阅读后，较长一段时间里进行延伸学习的方法，对儿童的思维、理解和表达等综合能力的发展有很大的促进作用。同时，这也能促进他的语言表达能力，增强他阅读的兴趣和对文学作品的体验。

五、分享阅读法

这主要指在轻松、愉快的气氛中，家长和孩子共同阅读一本书，再做一些类似游戏的活动。

在活动过程中，家长引导孩子一起阅读图画、理解故事，并逐步从图画阅读过渡到对文本的学习和进一步的拓展活动中。

著名的心理学家西格曼博士提出，睡前10分钟的亲子共读，除了能帮助孩子入睡外，对他的免疫系统、倾听技巧及想象力的发展都有益处。

孩子阅读技能和习惯的养成是一个循序渐进的过程，需要家长的支持。家长要根据孩子成长的不同年龄跟他一起完成亲子阅读，让他在阅读敏感期养成良好的阅读习惯。

6. 数学敏感期：随时随地爱数数的孩子

　　5岁的嘟嘟最近变得对数字特别敏感，每天在放学路上，他看到路边的车牌号都要念一念。每次家里吃饭时分筷子、包了饺子后数饺子，这种活儿他也总爱抢着干。每次到一个新的地方，数楼层数是他最爱干的事。

　　有一次，妈妈带嘟嘟去小区的广场上玩，别的小朋友都在荡秋千，只有他坐在石凳上看着对面的楼一动不动。

　　妈妈纳闷地问："嘟嘟，你在干什么呢？"

　　"我在数对面的高楼有几个窗户呢！"

　　看见嘟嘟认真的样子，妈妈一脸的迷惑，她觉得简直太不可思议了：那些窗户怎么可能数得清呢？

　　柏拉图说："哲学家也要学数学，因为他必须跳出浩如烟海的万变现象而抓住真正的实质。"

　　伽利略说："给我空间、时间及对数，我就能创造一个宇宙。"

　　高斯说："数学是科学之王。"

　　华罗庚说："宇宙之大，粒子之微，火箭之速，化工之巧，地球之变，生物之谜，日用之繁，无处不用数学。"

对孩子的成长来说，在学习数学中获得的思维能力能让他受用一生。你仔细分析一下那些在事业上很成功的人，通常都是思维缜密、逻辑清晰的。

数学对孩子思维能力的锻炼，是学习其他任何学科所不具备的，这也是数学在各国教育体系中地位高的原因。

然而，并不是所有人都喜欢数学，甚至没有拥有学好数学的能力。心理学上有一种心理障碍叫作"数学恐惧症"，这不是玩笑之谈，因为被"数学恐惧症"支配的人，如果让他做数学题，他的神经会做出与经历肉体疼痛一样的反应。

其实，数学恐惧无非来自上学时的恶性循环：害怕数学—学数学就头疼—更加害怕数学。

相反，如果孩子在一开始学习数学时就产生了兴趣，而且领悟得很快，他就会进入一个很棒的学习状态。

家长都希望孩子上学后对学习数学有一个好的开始，这样，学前的数学启蒙就非常重要。儿童教育家蒙台梭利指出，2～6岁是儿童一生中最重要的"数学敏感期"。

大量研究表明，孩子在4岁左右时对数字的敏感会达到顶峰状态。在这个阶段，孩子会对数学概念比如数字、数量关系、排列顺序、数字运算等突然发生极大的兴趣，他对数字的种种变化有着强烈的求知欲。

针对数学敏感期，对孩子做好数学启蒙显得至关重要。然而，很多家长对音乐启蒙、美术启蒙更容易理解，对数学启蒙则显得陌生很多，甚至不知从何做起。

其实，数学同样源于生活。那么，家长该怎么做呢？

一、有耐心，相信孩子的潜能。

妈妈问儿子："10 加 1 等于多少？"

儿子伸出肉肉的小手指开始数，他相信自己能数对："1、2、3、4、5、6……"

"10 加 1 就是 11 呀！这还用数吗？"妈妈不耐烦地打断了儿子数数。

生活中，这种情况并不少见。我们总是按成年人的逻辑和视角去看待孩子，其实，每个孩子都有巨大的潜能，他对新鲜事物的领悟能力超乎我们的想象。

但是，很多家长没有为孩子提供一个合适的学习条件。比如，想要他运动协调，就要多带他跑跑跳跳；想要他顺利学会说话，就要多跟他交流。

那么，在数学启蒙中，如何为孩子提供一个合适的学习条件，可能大多数家长都没有一个清晰的思路。

在数学启蒙中，更重要的是培养孩子的数学素养，而不是尽可能多地灌输知识。数学源于生活，如果让孩子在生活中去体验、感知数学，他在学习抽象概念时就能很自然地融会贯通。

数学的表达方式是符号化、抽象化的，而孩子能接触到的是具体的东西。比如，孩子能看到、摸到 5 个苹果，但他想不到"5"这个数字。

数量是具体的，符号是抽象的，而启蒙就是让孩子在家长的正确引导下感受数字符号的含义，以及它背后的数量意义。

在生活中，数数是计算的启蒙，玩积木是立体几何的启蒙，切比萨是分数的启蒙，折纸是平面几何的启蒙，拼图是逻辑思维的启蒙……可以说，数学启蒙无处不在。

二、以玩游戏的方式进入有趣的数学世界。

有些孩子或许天生就对数学的理解力不敏锐，因此，在学习的启蒙阶段，他非常容易在数学学习上受挫。

其实，要培养孩子的数学逻辑智能并不难，家长可从周围的人、事、物着手去教导他，让他以玩游戏的方式进入有趣的数学世界。比如：

当带孩子出门时，面对四通八达的道路，可以让他分辨并记忆各条路的特点及不同之处，学会利用参照物来认路。这能够提高他的观察力。

在回家的路上，还可以指导孩子数门牌号码，让他分清哪边是奇数，哪边是偶数，这能强化他的数字概念，对提升他的数学逻辑智能很有帮助。

晚上睡觉前，可以让孩子自己把玩具收拾好，或者跟他一起大声数玩具，数完一件放好一件。他通过模仿能知道数数的顺序，以后就可以让他自己数和放玩具了，从而培养他的数学智能。

逛商场时，可以跟孩子一起看商品的标签，让他知道每样商品都有标价。然后，再跟他算一算，买两件商品要多少钱，或者10

元钱够买几件……这能使他对金钱有个最初的概念，也能提升他的数学智能。

心理学家发现，一个人对数学是喜欢、厌恶，还是恐惧，大多是在幼儿阶段的数学敏感期就形成了。

当孩子对数字的种种变化有了强烈的求知欲，标志着他的数学敏感期来了。抓住数学敏感期，让孩子在玩中学习数学，产生对数字的兴趣，进而喜欢说数字、玩数字游戏等，这些都非常重要。

家长要尊重孩子的数学敏感期，并为他提供必要的引导和协助，通过科学、系统的教育理念，让他轻松快乐地学数学。

第 六 章
不想错过敏感期，家长要这样做

1.细心观察，敏感期的出现时间因人而异

2.不打不骂，给孩子充分的尊重和自由

3.理解、接纳孩子的情绪，让他感受到爱

4.适时协助而不干预，耐心等待孩子度过敏感期

5.提供环境刺激，为敏感期的到来做好充分准备

6.用心感受孩子的内在需求

7.不要以爱的名义控制孩子

8.允许孩子申辩，给他讨回公道的机会

1. 细心观察，敏感期的出现时间因人而异

豆豆是个敏感、细腻的孩子，大概 5 岁左右时，他开始喜欢上了涂鸦。每天只要闲下来，他就会拿着画笔在纸上乱画，有时也会在地上、墙上乱画。

有一次，妈妈看到豆豆把床边的墙画得乱七八糟，顿时眉头紧皱。她曾经看过关于孩子敏感期的书，书上说大多数孩子在 2 岁左右时就开始喜欢涂鸦，5 岁这个年龄段的很多孩子已经能创作出独具特色的作品了。但是，儿子 5 岁了才只会乱涂乱画，他在画画方面显然是滞后的。

妈妈一直以来都希望豆豆在音乐方面能有所发展，于是给他报了钢琴班。每天幼儿园放学后就把他送去学钢琴，但没想到他对钢琴丝毫不感兴趣，每次送他去学琴都要经历一场"战争"。

妈妈急得不行，觉得孩子在艺术这条路上是走不通了。

敏感期出现得早和晚的时间，对个体来说并非特别精准，因为每个孩子对各个敏感期出现的具体时间都会存在差异，甚至时间可能比较长。

比如，大多数孩子可能要到 1 岁半之后，才会对细微事物产生

兴趣，但有的孩子也可能在八九个月大、还不会站立行走的时候，就对那些小线头之类的小物件产生浓厚的兴趣，拿在手里翻来覆去地把玩了。

要准确地观察到孩子敏感期的一些表现，家长不能盲目地去套相关书本上描述敏感期出现的年龄段，而要根据他的实际情况去观察与推测，以便更准确地把握他独特的成长规律，包括敏感期出现的时机，为他提供更好的发展环境。

每个孩子敏感期的出现时间并不相同，因此，家长必须秉承客观的态度，细心地观察孩子的个性特质和内在需求。

2. 不打不骂，给孩子充分的尊重和自由

齐齐今年已经6岁了，马上就要上小学的他，是幼儿园里有名的淘气包。他不是往女同学的水杯里扔虫子，就是故意用水彩笔画男同学的衣服。因为他三天两头被老师批评，妈妈很是头疼。

于是，妈妈在某育儿论坛里发文求助："我真拿儿子没办法了，他怎么有那么多精力惹是生非呢？在外面跟小朋友一起玩时，他总是挑头出鬼点子的那个。

"昨天晚上在楼下玩，他追着一个小女孩跑，把蚂蚁放在人家

的脖子上，吓得那个女孩'哇哇'大哭。今天周末，在家休息，他竟然把牙膏扔到了马桶里。

"几天前，他刚把爸爸的剃须刀倒腾坏了，今天我又发现打火机不见了——不用说，又是他干的。我追问他把打火机拿到哪儿去了，他却歪着脑袋一笑，说不知道。后来，我在楼梯里发现，那个打火机已经被他拆得七零八落了。

"家里的钟表也没能幸免，早就被他大卸八块了。最近，他还试图用螺丝刀拆照相机，真是要命啊！

"现在，我一离开家就像防小偷一样，把他感兴趣的东西都锁起来——万一再弄坏一个值钱的东西，那更麻烦了。

"有时候他犯了错，我也打他骂他，可是不管用啊！甚至，有一次为了让他长记性，我故意当着别人的面狠狠地揍了他一顿，可是他除了大哭大闹，根本就不吸取教训。

"我挺羡慕邻居家的孩子，那孩子乖巧懂事，从来不惹是生非，怎么我的孩子就这么淘气呢？"

其实，像案例中一样有着类似苦恼的家长不在少数。

在孩子的成长过程中，一定会有让家长觉得他在无理取闹的瞬间。那就别急着对他发火，不然"小天使"会突变"小恶魔"，只因为他在经历着重要的敏感期。

如果家长能正确处理看起来有点麻烦的敏感期，就能帮助孩子更加健康快乐地成长。比如，当孩子进入探索事物敏感期时，他的好奇心就很重，富于探索精神。这是他认识世界的方式，家长要

先给予肯定，然后采用恰当的方法给他以正确的引导和教育，切不可强行压制他的淘气举动。

很多家长通常出于对孩子的爱护，生怕发生危险，规定他这也不能做那也不能做，从而束缚了他的手脚，扼杀了他的探索精神。这是不可取的。

作为家长，要尽可能多地为孩子提供探索的机会，让他与外界进行亲密接触，这对促进他的智力发展有很大的好处。同时，孩子的好奇心得到满足后，他自然会转移兴趣点。

如果家长对孩子在探索过程中表现出来的淘气行为强制干涉，他就会产生逆反心理，只会表现得更加淘气。

在孩子成长的过程中，敏感期会接连不断，其实，应对所有问题都有一个最基本的原则，那就是不打不骂，给孩子充分的尊重和自由。父母放松心态，才有精力迎接一切麻烦。

理解、宽容孩子，在给他提供释放天性机会的同时，要尊重他是有能力的个体，相信他是有能力的天生学习者。这样，他会循着自然的成长法则，不断使自己成长为更有能力的个体。

当孩子获得了尊重与信赖后，他才会自由地探索世界。

3.理解、接纳孩子的情绪，让他感受到爱

　　一个周末，妈妈领着 2 岁多的儿子鸣鸣去参加社区的亲子活动，而鸣鸣吵着要自己走。刚巧外面下着雨，楼梯里有他人用过雨伞洒下的雨水，妈妈怕他摔跤，一直把他抱到剩下 5 个台阶的时候才把他放下来。

　　鸣鸣不干了，一定要回到二楼自己再走下来。妈妈着急地对他说："亲子活动马上要开始了，你这样折腾不是耽误时间吗？赶紧走吧！"

　　鸣鸣只顾着哭闹，非要重新上楼。妈妈看到鸣鸣眼里的委屈，心软了，将他又抱回二楼。

　　鸣鸣的脸上洋溢着笑容，高高兴兴地从二楼一个台阶一个台阶地走下了楼梯……

　　妈妈牵着鸣鸣的手，一边走，一边小声地问道："鸣鸣，你刚才为什么非得再上二楼重新走呢？"

　　鸣鸣说："台阶少了，算是下楼梯吗？"

　　原来，鸣鸣执拗地要再上二楼重新走下来，不过是秩序敏感期在"作怪"，妈妈庆幸刚才没有把他的想法强行压下去。

孩子任性、不听话、不接受大人讲道理，通常是因为大人不懂"小人"的心。尤其是处于秩序敏感期、人际交往敏感期、社会规则敏感期的孩子，他常常会做出令大人无法理解的举动。

如果从孩子的立场出发，用他的眼光看世界，用他的心感受生活，家长才能跟他沟通。家长一旦读懂了孩子的心，在管教他的时候就会顺利多一些，失误少一些。

孩子撒泼时，家长先要耐着性子去理解他，用同理心和倾听的技巧接纳他的情绪。当孩子知道父母愿意理解他的感受，并且是爱他的时候，他的情绪就会慢慢稳定下来。

4. 适时协助而不干预，耐心等待孩子度过敏感期

对很多家长来说，当意识到孩子到了某种敏感期时，通常不是拔苗助长，就是因噎废食。其实，最好的方式是适时协助而不干预：当孩子热衷于感兴趣的某项事物时，大人要放手让他自己去做。

不过，"避免干预"并非是丢下孩子完全不管，而是要适时地予以协助、指导。

"孩子的执拗敏感期怎么还不过去呢？"

"孩子最近应该是到了语言敏感期了吧？他经常冒出来一些让

人摸不着头脑的话，有时还会说脏话——怎么才能避免呢？尤其是有亲戚朋友在的时候，好尴尬啊！"

"很希望孩子的绘画敏感期赶紧出现啊，我给他都找好老师了，希望他将来能成为一名优秀的画家。"

生活中，很多家长都会有类似的抱怨或者期待，但孩子的敏感期是自然的过程，什么时候出现、持续多长时间，都不是人为控制的。所以，家长除了耐心等待外，切不可操之过急。

家长最好的做法就是耐心等待孩子的成长，陪他一起平稳顺利地度过敏感期。同时，适当的时候要予以协助和指导。

快 5 岁的儿子告诉爸爸，他爱上了幼儿园的张老师，想跟她结婚。但他最近几天很不高兴，因为不管他表现得多好，张老师好像很少注意到他。

爸爸觉得好笑，不过他没有阻止孩子这小小的"爱情"，只是偷偷地告诉了张老师。

张老师答应了这位爸爸，在可能的情况下她会多跟孩子聊天，对他好的表现给予鼓励。

过了一段时间，爸爸发现儿子已经不再频繁地提张老师了。

有一天，爸爸问起儿子来，他若无其事地回答："我已经不想跟张老师结婚了，张老师说只有年龄差不多的两个人才能结婚。"

这位爸爸的做法就是耐心等待，等待儿子顺利度过婚姻敏感期。但是，等待并不是消极地什么都不做，而是有耐心地、适时地积极引导、配合，这才有助于孩子顺利度过每一个敏感期。

5. 提供环境刺激，为敏感期的到来做好充分准备

形形的妈妈是一名小学美术老师，形形刚满周岁时，妈妈就经常带她去美术馆参观各种展览。虽然形形未必能看得懂，但每次看到色彩绚丽的画作，总会"咿咿呀呀"地说个不停。

又因为妈妈爱看书，家里有很多美术方面的书，耳濡目染之下，形形从小就经常翻美术书看。大概2岁左右时，她就开始拿着画笔在纸上涂涂画画了。

从那时起，画画就成了形形玩耍的一部分，她几乎每天都要画。渐渐地，形形对画画的兴趣越来越浓。上小学后，她主动要求妈妈给她报绘画兴趣班，并把成为一名画家当成理想。

孩子绘画敏感期的到来，良好的家庭环境无疑会起到很好的刺激作用。

但是，敏感期的出现不仅存在个体差异，在具体出现之前，还有一个相对比较漫长的积累期。虽然有时这个积累期通常不见任何成效，但却是敏感期出现的不可或缺的铺垫。

如果事先没有相关环境刺激的积累，敏感期出现的时间就会延后。反之，敏感期出现的时间有可能会提前。

因此，那些一出生就处在丰富的语言环境下的孩子，把握语言的能力更强一些，即便他说话的时间不会太早，但他能更早地听懂一些话。并且，会说话之后，他的语言表达能力也会更好。

　　同样，一个有着比较好的居住环境、比较广阔的活动场所，家长在活动空间上约束比较少的孩子，他的爬行敏感期出现的时间也会更提前一些，爬行能力也会发展得更好一些。

　　因此，在孩子成长的过程中，家长千万别生搬硬套书本上敏感期的时间，非要等到他有了某些表现才为他提供助力，而要尽可能多地提供丰富的环境刺激，为他敏感期的到来做好充分准备。

　　家长在尽力为孩子准备一个满足他成长需求的环境的同时，要适时地予以帮助、指导。比如，处于秩序敏感期的孩子，要引导他自己收拾玩具和日用品；处于感官敏感期的孩子，要对他进行音乐启蒙教育。

　　家长无法预测也不要主动地去安排、操控孩子的敏感期，只能通过跟他一起生活、一起学习来观察和发现。所以，敏感期是适时的，并不是今天想要孩子画画，他就要画画；明天想要孩子唱歌，他就要唱歌。如果他不愿画画而是喜欢练琴，最好"从其欲，得所愿"。否则，家长的要求只会让他厌学，并产生不良情绪。

　　蒙台梭利说："当孩子被催促着要努力的时候，家长实际上是在压抑而不是唤醒他的心灵力量。"老子也说："反者道之动，弱者道之用。"在孩子的敏感期内，提供丰足的环境让他自由地探索、体验、拓展、延长他的兴趣，才是家长努力的重点。

6.用心感受孩子的内在需求

姐姐的爸爸从小就喜欢唱歌，但因为那时条件不允许，他没有机会接受专业训练，所以上大学时学了自己并不是太喜欢的计算机专业，毕业后成了一名程序员。

为了圆儿时未圆的梦，有了女儿纽纽以后，他开始重点培养纽纽的音乐细胞，给她听各类歌曲，为她报音乐兴趣班。没想到纽纽不领情，对音乐一点感觉都没有，反倒喜欢跆拳道。

爸爸觉得纽纽不懂得珍惜机会，很气愤地说："我小时候连学音乐的条件都没有，现在给你创造机会，你还不去学，太让我失望了！"

"可是我不喜欢啊！"姐姐辩解道。

"一个女孩子喜欢练跆拳道，有用吗？"爸爸对纽纽的爱好嗤之以鼻。

很多家长都希望孩子能成长为自己心目中的样子，能按照自己规划的路走下去。比如，有的孩子非常明显地进入了绘画敏感期，但父母会视而不见，非要培养他的音乐细胞。

其实，当孩子处于敏感期时，家长先要用心去观察他的内在需求——孩子的内驱力在哪儿，然后帮助他成长。

印度电影《心中的小星星》讲述了一个注意力不集中、多动、有阅读障碍的孩子的故事，他对朗读不感兴趣，总出错，但对形状、空间很敏感，对绘画有兴趣。

但孩子的这些特点都不被父母、老师发现，他们仍然要求孩子像其他同学那样进行传统的学习，这让他对学习更加厌倦，跟父母和老师的关系更加紧张。

后来，新来的老师发现了孩子的特点，开始因势利导，因材施教。在新老师的引导下，他重新找回了信心，找回了自我。父母接纳了他的特点后，不再焦虑，跟他的关系也变得融洽起来。

由此可见，用心感受和尊重孩子敏感期的内在需求多么重要。

7. 不要以爱的名义控制孩子

"妈妈，我想要蓝莓味的酸奶。"

"上次不是喝过蓝莓味的了吗？这次买红枣味的吧。"

"我不想喝红枣味的，我就想喝蓝莓味的。"

"每次都喝蓝莓味的，你不腻吗？换一种口味吧。"

"不要换，我就想喝蓝莓味的。"

"买蓝莓味的你每次都喝不完，换一种口味试试，我是为你好。"

5岁的球球不开心地噘起了嘴巴。

"你怎么这么不听话呢？"妈妈付款买了一瓶蓝莓酸奶，拽着球球离开了商店。

以上对话，在很多亲子场景中常常出现。家长潜意识里总认为自己的想法是对的，孩子的想法是不够成熟的，他们喜欢以爱的名义控制孩子，帮孩子做选择，哪怕只是买一瓶酸奶。

实际上，家长这样爱孩子的背后，是不由分说地剥夺了他自主选择的机会，尤其当他处于自我意识敏感期时，如果家长经常是这种状态，他的自我意识就会被渐渐压抑。

家长习惯利用"爱孩子"的借口和理由替孩子做选择，这是一种自圆其说的教育逻辑，表面上披着"一切为了孩子好"的外衣，实际上却是在满足自己的需要。这种以爱的名义爱孩子的行为，变得仿佛不可指责。

"妈妈不让你做这件事，完全是为了你好！"

"妈妈给你准备了这些好吃的，都是为了你的健康着想！"

"妈妈这么做，是因为爱你呀！"

无论什么时候，家长的理由都是"为了你好"。因为是"为了你好"，所以，孩子必须心甘情愿地接受家长的控制，接受他不喜欢做的事。

但是，孩子是有思想的，尽管小时候他辨别是非的能力还不够，但他的心里知道自己喜欢什么、不喜欢什么。如果强行改变他的意志，到最后他可能会变成一个严重缺失自我的人，而且在遇到事情的时候，自己不敢或者不会做决定。

我们在照顾孩子的生活，或者对他进行教育的时候，尽管不能完全放手，但本属于孩子天性中的行为就让他凭借自己的感觉成长。如果每一件事都要剥夺他的意志，替他做决定，让他按照父母的意愿生活，那么，最终他会失去那份原本属于自己的快乐。

所以，家长千万不能以爱的名义，对孩子进行控制，而是要尊重他。在做决定之前，花一点时间和耐心去弄清楚他的心思，倾听他的心声，然后协助他做选择。这样的爱，才会让孩子顺利地度过敏感期，从而健康地成长。

8. 允许孩子申辩，给他讨回公道的机会

王女士的儿子兵兵很懂事，自从姥姥从老家来自己家以后，他怕姥姥觉得闷，每天带她出去散步。有一次姥姥过生日，他还用自己的零花钱买了一束鲜花送给姥姥。这把姥姥高兴坏了，乐呵呵地说："我活这么大年纪，还是头一次收到别人送的鲜花呢！"

有一天，王女士下班回家，一进门就听到房间里有"叽叽叽"

的叫声，一看，原来是几只活蹦乱跳的小鸡正在房间里乱窜。

看到家里乱七八糟的样子，加上上班的劳累，王女士顿时心烦意乱，张口就训斥孩子："放学后也不知道多写一些生字，玩这些干吗？看你把家弄成什么样子了！"

兵兵张嘴正要向妈妈解释，妈妈却不由分说地又呵斥道："你住口！给我把这些小鸡都扔出去，我不想听你说什么，你也不用解释！"说完，她就去抓那几只小鸡。

这时，兵兵的眼泪立刻流了出来，他委屈地看了妈妈几眼，然后转身回到自己的房间，重重地关上了门。

王女士一看更气了，刚想追过去再教训儿子一顿，这时姥姥拦住了她。

姥姥说："你就别骂孩子了，这是他给我买的，他说怕我在家里寂寞，就买了几只小鸡来陪我。他这是出于一片好心，你要真不喜欢，送给别人就得了，要好好跟他说，干吗骂他啊？"

王女士知道事情的经过后，很后悔，知道自己的行为让儿子受到了很大的委屈，要抓紧去弥补儿子受伤的心灵。

在家庭中，如果孩子经常被喝令"住口"，渐渐地，他就会放弃为自己辩解的权利，他背负的委屈也会越来越多。家长想过没有，孩子总是这样一个人默默地承受事情，背负沉重的思想负担，有可能造成严重的心理问题。

因此，当孩子犯错时，家长一定要冷静地对待他的过错，因为一件看似非常简单的事，背后往往没那么简单。尤其是处于各项敏感期的孩子，有时候，他的表现在大人眼里看起来就是"不懂事""没礼貌"，甚至不可理喻。

所以，要尽可能多地给孩子申辩的机会，以便了解事情的真相，只有这样，他才能心悦诚服地接受家长的教育。

那么，针对处于这一时期的孩子，家长要怎么做呢？

一、给孩子辩解的机会，这是尊重他的体现。

所谓"真理面前，人人平等"，家长没有理由堵住孩子的嘴巴，不给他辩解的机会。既然他要辩解，说明他对家长的话有不认同的地方，那么让他把想说的话说出来，家长才能了解事实。

否则，家长轻易给孩子下结论，只会误解他，使他受委屈。

给孩子辩解的权利，是尊重他的最起码的表现。家长要明白，辩解并非强词夺理，而是让孩子把事情讲清楚；给他辩解的权利，他才会更加理解你所讲的道理，使教育收到良好的效果。

二、在公共场合，要给孩子"台阶"下。

孩子都很爱面子，如果家长在公共场合当着别人的面批评、责罚他，会让他觉得很没面子。这样，他就容易产生对立情绪，即使他知道错了也会强词夺理，甚至跟家长对着干。

所以，家长在公共场合教育孩子要讲究分寸，注意给他台阶下，回家后可以再就事论事。

三、坚信"没有调查就没有发言权"。

没有经过调查就信口雌黄，是许多父母"家长主义"的思想在作怪，他们想当然地主观臆断，使孩子经常被误解。当孩子准备辩

解时，又被他们打压，结果孩子觉得非常冤枉。

家长要秉持"没有调查就没有发言权"的思想，在没有了解事实之前，不要对孩子轻易下结论。如果想了解真相，就必须充分了解当事者——孩子的意见，需要给他解释的机会。

在没有了解事实之前，家长要学会克制自己的情绪，然后给孩子申辩的机会，这是尊重他发言权的表现，也是尊重事实的表现。家长这样做，才能避免无端地误解孩子，给他造成不必要的伤害。

第七章
"伤不起"的敏感期：家长最易走入的误区

1. 别总把别人家的孩子挂在口头上

2. 别以成年人的思维去揣摩孩子

3. 千万不要急于给孩子贴标签

4. 能干的家长培养出"无能"的孩子

5. 过度保护，会剥夺孩子自我成长的机会

6. 家长的教养方式不一致

7. 重视"面子"，把孩子当成了马戏团演员

1. 别总把别人家的孩子挂在口头上

6岁的丁丁在小区里是出了名的调皮蛋，他总会带着一帮小男孩爬树、打架，一副天不怕地不怕的样子。在幼儿园里，他也活泼好动，学习没耐心。

邻居家的宁宁则恰好相反，他喜欢画画、看书，认字非常多。

每次，丁丁在学校里闯了祸，妈妈都会数落他："你也跟宁宁学学，你要是有他一半老实，我们就不用操心了。你看人家，又爱学习又爱画画的，怎么你就只知道玩呢？"

后来，只要妈妈一提宁宁，丁丁都特别反感。

有一次，妈妈又拿丁丁跟宁宁比较，他脱口而出："妈妈，你为什么总觉得别人家的孩子好啊？难道我就没有优点吗？是不是在你眼里，我永远比不过别人家的孩子啊？"

很多家长在孩子面前，总会不自觉地说起别人家的孩子，觉得这可以激励他更努力，却常常事与愿违。因为，没有一个孩子喜欢被自己的父母这样评价：不如别人！

即使孩子本身做的不如别的小朋友好，他也不希望父母做这种对比。因为，这会让他觉得在父母心里自己是最差的，从而导致自我评价降低。

虽然 3 ～ 6 岁的孩子会经历各种敏感期，但因为敏感期的出现会有个体差异，所以，家长不能想当然地"一刀切"——看到其他孩子进入了某项敏感期，自己的孩子没有任何表现，就开始焦虑不安，甚至觉得他不如人家。

况且，由于家庭背景、成长经历等众多原因的影响，每个孩子的认知能力、生活经验、学习方式、发展速率等各方面都不相同，因此，孩子即时的、外显的行为并没有优劣之分。

聪明的家长从不与其他孩子做比较，而是跟孩子的过去做比较。对孩子来说，他的自我意识最初是通过成人的评价来获得，而对年纪大一点的孩子来说，家长能够发现他的独特之处并加以引导，会让他在成长过程中对此充满感激。

这世上没有两片完全相同的树叶，但这并不妨碍每一片树叶都能构成独特的风景。孩子在某些方面是"比"不上别人家的孩子，但他的身上一定也有别人家的孩子比不上的优点。

我们与其拿"别人家的孩子"这句口头禅来刺激孩子小小的自尊心，还不如鼓励他在自身的优点上做更多的努力。

2. 别以成年人的思维去揣摩孩子

刘女士带着 5 岁的儿子大龙去朋友家做客。大人都在客厅聊天，孩子们便在房间玩耍，玩着玩着，房间里没有声音了。

刘女士轻轻推开一条门缝一看，结果吓了一跳：儿子和朋友 4 岁的女儿都把内裤褪在了腿上，两个孩子发现她时，表现出一副惊慌失措的模样。

刘女士觉得有些尴尬，赶紧把大龙的裤子穿好，一直到回家时，都把大龙拉在自己身边不让他乱动。

晚上睡觉时，刘女士问大龙玩的是什么游戏。

大龙支支吾吾好久，才说玩的是脱裤子摸屁股游戏，还能亲嘴。

刘女士当时气急了，扇了大龙两耳光，并严厉地训斥道："以后不许玩这种流氓游戏，再玩，小心我打烂你的屁股！"

大龙吓得哇哇大哭。

刘女士心里更是万分焦急，生怕儿子小小年纪就学坏了。

处于性别敏感期的孩子，通常会对自己的身体敏感，也会对异性的身体好奇。他会用自己的方式研究身体，包括性器官，有时会做出一些在家长眼里过分的举动，令家长感到尴尬甚至恼火。

如果家长以成年人的思维去揣摩孩子的行为，那他的行为简直就是"大逆不道"了。接着，一些负面情绪和话语就会冒出来，甚至大动拳脚。

不仅是性别敏感期，处于其他敏感期里的孩子的一些行为，也容易被大人误解。比如，婚姻敏感期的孩子希望跟老师结婚、跟爸爸或妈妈结婚，这有可能被家长误认为早熟，从而产生恐慌。处于物权意识敏感期的孩子，不愿意跟小伙伴分享自己的东西，容易被家长认为是自私行为。

我们总是用成人的眼光去看孩子，下意识地就会用成人的道德观去衡量他，结果常常误解了他：

说孩子贪玩、不听话，也许是因为他没有按照大人的要求去做事而已；

说孩子不懂分享、依赖父母，也许是因为他没有安全感而已；

说孩子注意力不够集中，不爱学习，也许是因为父母没有尊重他的成长规律，急功近利而已。

孩子天生就爱学习，也善于学习。如果我们俯下身子，蹲在孩子面前跟他说话，用孩子的视角去看他，会发现他的世界其实有自己的规则，尤其是处于敏感期的他。

3. 千万不要急于给孩子贴标签

很多家长在评价孩子的时候，不是自豪地猛夸，就是恨铁不成钢地说，孩子是什么"恶魔"、笨蛋，以及认生、小气、内向、害羞、依赖性强、懦弱、爱发脾气、不自信、性格不好、没上进心、做事磨蹭等。

这样的一串消极评价，他们会脱口而出，甚至当着孩子的面说。

孩子的成长，通常离不开后天环境的影响，在种种影响因素中，社会评价和心理暗示的作用非常大。不可否认，经常给孩子贴上负面标签，是家长非常容易犯的一个错误。

心理学家认为，当一个人被贴上"标签"时，他通常会做出自我印象管理，使自己的行为与所贴的标签内容相一致，也可以称为"标签效应"或"暗示效应"。

之所以会出现标签效应，主要是因为标签具有定性导向作用，它对一个人的"个性意识的自我认同"，有着强烈的影响作用。

给一个人贴标签的结果，通常是使其向标签所喻示的方向发展。同时，这反过来会强化贴标签的人，使其更坚定自己的看法。

有这样一个有趣的心理学实验：

实验者通过化妆，在志愿者脸上分别画了一道血肉模糊、触目惊心的伤痕，先让他们自己看了效果后，借口补妆，又悄悄把伤痕擦掉了。然后，带着毫不知情的志愿者去各医院的候诊室，而指派给他们的任务，就是观察人们对他们面部伤痕的反应。

可是，当志愿者返回后，出现了惊奇的现象：他们竟无一例外地叙述了相同的感受，觉得人们比以往粗鲁、无理、不友好，而且总是盯着他们的脸部看。

实际上，他们的脸上与往常没什么不同，只是最开始的心理暗示影响了自己，这的确发人深省。

一个人内心怎样看待自己，在外界就能"感受"到怎样的眼光。

所以，当我们从内心给孩子贴标签的时候，就会关注他的标签，并用外界的眼光和期望看他的表现来印证自己的看法。从孩子的角度看，如果你给他贴了标签，他潜意识里会认为自己是符合标签的人。

处于敏感期的孩子如同一张白纸，正是处于学习、吸收知识的阶段，对外界的评价很在意，也希望表现出自我的价值。

孩子也是很容易被暗示的。生活中，很多人都能观察到，当家长真心鼓励孩子的时候，他会精神焕发；而受到惩罚或听了贬斥的评语，他则会垂头丧气。

所以，家长不能随意给孩子贴标签，通过家长的认可、赞赏、鼓励，使他的优点得到强化就很好了。当他的学习成绩有了进步时，家长也千万不能视而不见。

4. 能干的家长培养出"无能"的孩子

星期天早上，4岁的毛毛学着妈妈的样子，把自己的小被子平铺在床上，可他无论是先折横边，还是先折竖边，叠出的被子还是长不长、方不方，一点也不规整。

妈妈在一旁说道："你这么小，哪叠得了这么大的被子，妈妈来弄，快去玩吧！"然后妈妈只用了几下的工夫，就把被子叠得方方正正的了。

当孩子处于各类敏感期时，他总喜欢自己动手，渴望尝试新技能。他遇到麻烦时，家长耐心地指导比简单地包办更能让他享受到干好一件事的快乐，这也是他克服困难、战胜自己的动力。

家长引领孩子的目的，是让他学会如何解决自己碰到的各种难题。如果家长太能干，事无巨细地帮助孩子只会让他感到自己的无能，对未来没准会失去信心，并丧失尝试和努力的欲望。这其实是对孩子巨大的伤害。

对上述案例中，毛毛的主动尝试动手能力，妈妈应显露出极大的兴趣："我们的毛毛都能叠被子了，真了不起！"至于他叠得如何，对此可以先不做评价，而是跟他商量："毛毛和妈妈一起叠一次怎么样？"

征得同意后，妈妈再将操作的技巧传授、演示给孩子，一次、两次、三次……当他也能叠出方方正正的被子时，他所获得的兴奋感、成就感是妈妈代劳时所体会不到的。

而此时，孩子会获得另一个重大发现：做很多事都不是顺顺当当、一下子就能做好的，但只要肯学、愿意想办法，很多难题都能迎刃而解。

当孩子误以为自己走投无路时，最需要父母帮助点燃心中的希望，让他明白，困难不等于绝境，关键是不能被困难吓倒——要从困境中找到一个出口，获得比较圆满的结果。

这个过程是孩子战胜自己的过程，增强了自信心，也是提升他逆商的最佳时段。

5. 过度保护，会剥夺孩子自我成长的机会

3岁多的斗斗最近和小朋友一起玩时，总是发生冲突，不是把人家打了，就是抢了人家的玩具。平时都是妈妈和奶奶照顾他，只要看见他打人都会严厉制止。

有时候，斗斗也会被别的小朋友"欺负"。有一次，他和邻居

家的小哥哥一起玩玩具，小哥哥看到他不小心把玩具弄坏了，哇哇大哭起来，还抬手就要跟他打架。

斗斗妈妈看见了，迅速做出反应，把邻居家的孩子拉到一边说："你不能欺负弟弟，你再这样，阿姨就不高兴了，以后不让弟弟跟你玩了……"

处于自我意识敏感期、社会规则敏感期的孩子，开始走出家庭跟更多的人接触，由此会引发各种冲突和矛盾——但他也会在处理各种关系的过程中，真正成长起来。

当发现孩子之间发生争端的时候，为了防止他们的冲突加剧，出现彼此伤害的事件，很多家长都会快速做出反应，去干预他们的行为——在这里要注意一点，过度保护则有可能剥夺孩子成长的机会。

一般来说，发生在照顾孩子起居方面的过度保护行为，家长都比较容易察觉，也比较容易理解。类似上述案例中的行为，其实也属于过度保护的范畴。

家长如此处理问题，虽然有时看似立竿见影，能有效地保护受到攻击的一方，化解双方的冲突，但实际上会带来很多问题。

因为，当家长以这样的方式去处理问题的时候，孩子尝试自我协调关系、自我修正行为的机会就被剥夺了，他可能会因此形成依赖家长来处理问题的习惯。一旦家长不在身边，他就会无所适从，或在情急之中反应过度，引发更多的问题。

当然，过度保护带来的危害远不止于此。

首先会打压孩子的自主意识，降低他的自我价值感，使他变得软弱、自卑，缺乏勇气面对外面的世界，无法勇敢地表达自己的主张与诉求。

有此特征的孩子，做事通常比较被动，缺乏创新精神，不容易被同伴看重。成人后，即便他很内秀，也不易被察觉，进而会失去很多发展的机会，并因此让他更加自我贬低，进入恶性循环。

这在无形中剥夺了孩子自我成长的机会，导致他某些方面的能力明显低于同龄伙伴，从而自我价值感偏低，遇事畏缩，变得依赖性强、缺乏责任感。

这通常会使孩子认为，父母给予自己的一切都是理所应当的，从而导致他缺乏感恩意识。当然，这样的孩子在成人后，也会以自我为中心，很难站在他人的立场上去思考问题，人际关系也会遇到一定程度的失败。

同时，家长的过度保护看似出于"爱心"，但很多时候带给孩子的通常是一种软性的控制，极易引发他的对抗情绪，导致亲子关系变得疏离。

在孩子处于各类敏感期时，家长要尽可能地避免或者减少过度保护行为。为此，家长要把握这样三条原则：

一、观察孩子给予父母的信号，能放手尽量放手。

通常情况下，到了3岁左右，孩子的自我意识开始萌芽，这时，他会有强烈"自己来"的欲望。具体表现：他会不断地说"不"，或者"我自己来"。孩子的这些行为，就是让家长放手的信号。

当孩子进入这个阶段后，在保证安全的前提下，建议家长尽量给他更多自我尝试的机会。如此，他就会获得更多的自我成长的能量，健康发展得会更好。

一旦孩子的自主意识受到打压，他就会形成一种习惯性的行为模式——变得更依赖家长，这就会让他失去锻炼的最好时机。

二、在放手与保护之间寻求平衡。

育儿就像走钢丝，任何一种方式都有利弊。因此，寻求平衡，在摇摆中前进是一个必然的结果。

放手不等于放任自流，而是家长要根据孩子的具体情况，以他能够接受的方式，既给予他发展的空间，又不让他有被忽视或被逼迫的感觉。

如此，家长才不会过度地保护孩子，同时给予他足够的关注与爱，让他从父母身上获得足够的心理能量，能更加勇敢地走向外面的世界。

三、在孩子需要保护的时候，成为他的依靠。

当孩子处理一件事的能力达不到时，家长需要给予他心理上的支持，进而逐步放手，给他一个成长的空间。

或者，当孩子处在特殊时期，比如，孩子突然离开父母或经历重大事件等，他会因为安全感缺失而暂时性地出现一些退缩行为。此时，允许他重温一下以前的经历，给他一个心理缓冲时间是很有必要的。

6.家长的教养方式不一致

中午吃饭时，妈妈说，想给女儿妞妞报绘画和钢琴培训班，想让她以后变得多才多艺。爸爸不乐意了，因为他希望女儿有个快乐的童年，就认为给她报各类培训班的意义并不大。

看见大人争执起来，妞妞吃饭也没吃好。

妈妈平时对妞妞非常严厉，觉得她就应该听大人的；爸爸则相对温和，但有时又过于溺爱女儿，对她有求必应。

两人这样的态度，在孩子面前就变成了这种情况：妈妈在家的时候，爸爸就不给女儿吃零食、喝饮料；妈妈出门了，爸爸就自己吃零食、喝饮料，也给女儿吃喝。

妞妞也看出了规律：妈妈在家的时候，她就很乖，不吵着要东西吃；妈妈不在家的时候，她就开心地跟爸爸一起分享美食。

"妈妈去加班了，我做些什么好呢？"周末，妞妞问爸爸。

"看书去吧，去找你自己喜欢的。"爸爸对妞妞说道，随手打开了家里的大书柜。

妞妞兴冲冲地跑到书柜前面，把里面各种各样的书一本本搬到椅子上，然后找出自己喜欢的一本来，像煞有介事地翻看着。

妈妈下班回来了，看到妞妞把书柜弄得乱七八糟。

"你怎么让孩子摆弄这些书？她看得懂吗？"妈妈责怪爸爸不该让女儿这么乱翻，赶紧把书收拾好，然后哄着女儿到客厅去玩。

可妞妞的心里还惦记着好玩的"大本子"书，也更喜欢跟爸爸在一起，所以不一会儿她又跑了回来。

爸爸本来就对妈妈刚才的行为不认同，于是开心地对女儿说："宝宝又来啦，来，看书吧！"说着，他又把书柜打开了……

生活中，"虎妈猫爸"或者"猫妈虎爸"的情形并不少见。在教养孩子的问题上，很多夫妻难免会有分歧，对教养方式莫衷一是而引发的冲突，是每对夫妻必修的家庭"功课"。

父母双方有各自的成长过程和教育背景，所以，这种一方"唱白脸"、一方"唱黑脸"的教养方式埋下的隐患，很多家长并没有意识到。美国一家婚姻咨询中心归纳出了夫妻在子女教养问题上意见分歧的两个主因：

一、父母意见分歧，孩子易养成逃避的惯性。

家长对待孩子的立场产生分歧，容易让孩子变得遇事就依赖别人，喜欢逃避，甚至养成回避性人格。

一个人从小就具有自我保护的本能，懂得趋利避害。当孩子犯了错，父母中的一方责罚他时，他会本能地寻找庇护。此时，如果另一方站出来唱"对台戏"，恰恰就中了孩子的下怀。久而久之，他就会形成惯性思维：即便我做错了，总会有人来帮我。

可见，这样的孩子很容易见了困难绕着走，或者依赖别人去解决，办了错事也为会自己开脱，没有一点责任感。

二、家长意见分歧，影响孩子自我控制能力的发展。

心理专家指出，家长双方的意见发生了分歧，还可能会影响孩子自我控制能力的正常发展。

自我控制能力从幼儿时期开始萌芽。比如，孩子剩饭时，如果家长多次一致地告诉他"浪费不对"，他就会清楚地意识到自己错了，以后就会尽量把饭吃光。

在不断调整不当行为、发扬正确行为的过程中，孩子就会发展好自我控制能力。反之，他的这种能力就无法得到发展。

虽然弥合父母教养方式上的鸿沟不简单，但一点点去变化，却能让家长收到意想不到的效果。

其一，在心理上突破自以为是的障碍，不妨放心地让妻子或丈夫一方管教孩子，相信对方跟自己一样都是有道理的。

其二，如果短时间无法统一意见，那么也别当着孩子的面争执。

家长双方的意见如果实在无法达成一致，就要共同学习教育子女的知识，借"权威"调整两个人的认知，进而改变不当行为。

当家长的意见有了分歧时，要在孩子不在身边时再讨论。因为，不管是妈妈赢了或是爸爸赢了，在孩子面前争执，只会输了他对父母的尊重、信任以及安全感，还让他感到紧张和不安。

其实，一个家庭也可以拥有不同的教养方法，只要事先达成共识，清楚地让孩子知道不管是妈妈的方式或是爸爸的方式，他都需要遵从就好——让他学习跟不同个性的人相处。

7. 重视"面子"，把孩子当成了马戏团演员

4岁的依依是个文静、内秀的孩子，妈妈一直觉得她太过内向，总喜欢借着各种机会锻炼她。有时候，家里来了客人，她会说："依依，给大家表演下你昨天刚学的舞蹈吧！"

一开始，依依还听妈妈的话，会照做。每当她表演得很好时，妈妈就觉得特有面子。后来，依依开始反感妈妈的做法，死活不肯再表演了。妈妈觉得她上不了台面，不够大胆和开朗。

这种情况经常发生，家里来客人时，家长就招呼孩子："来来来，唱首歌，跳个舞。"

其实，家长没有意识到，这是极不尊重孩子的行为，这会使得他在成长过程中将很多注意力用于取悦别人。成年后，一旦别人不认可他，就会使他遭遇巨大的打击，不能很好地发挥自己应有的能力。

"你叫什么名字？"如果让孩子有机会选出最令他讨厌的一句问话，这句话一定名列榜首。

家长可以想想看，如果一个身高是你两三倍、体重是你好几倍的"外星人"，动不动就俯看着你，用毫不客气的口气来问你叫什么名字，你乐意回答吗？孩子不喜欢回答这个问题，我们怎么能责备他没礼貌呢？

如果有人这样对待你的孩子，千万不要因为面子什么的帮着别人奚落孩子："怎么这么没礼貌，快告诉叔叔。""对，他就是不爱说话！""他就是这样胆小。"

如果一个孩子经常被家长置于这样不开心的境地，你要让他外向、活泼是很难了。很多家长苦恼地说，孩子在家是"小霸王"，到了外面就是小兔子。

所以说，如果孩子受到足够的尊重，他才会内外如一。

第 八 章
敏感期里好性格的养成：从细节做起

1.合理安排生活，增强孩子的秩序感和规则意识

丫丫在家玩经常弄得客厅、床上乱七八糟的，由于父母工作忙很少收拾家务，时间久了一家人也慢慢地习惯了。

有一次，丫丫跟着妈妈去亲戚家玩，亲戚家的物品摆放得非常整齐，她只玩了一会儿，地板上就摆满了玩具。

妈妈看不下去了，对丫丫说："一会儿玩完了，把玩具收起来啊！"

丫丫头也不抬地说："为什么要收拾啊？我们家里从来都没有收过呢！"

妈妈脸红了，不知该怎么回应。

孩子的秩序敏感期，常表现在对顺序性、生活习惯、所有物的要求上。

教育专家蒙台梭利认为，如果家长未能提供一个有序的环境，孩子便"没有一个基础以建立起对各种关系的知觉"。当孩子从环境里逐步建立起内在秩序时，智能也因而会逐步建构起来。

对处于秩序敏感期的孩子，家长要帮助他合理地安排生活，建立秩序感。当他得到正确的启发与锻炼时，会较其他秩序敏感期遭

到破坏的孩子具有更强的自理能力和规则意识，同时能养成更多的好习惯。

妈妈每天为孩子穿衣服，先穿内衣，再穿外衣，最后穿鞋，这个顺序在他的心中会根深蒂固。如果某天假设先穿鞋，再穿衣，他就会非常不满，直到"消了气"后才会同意改变顺序。

妈妈每天给孩子做好可口的饭菜，然后盛到一个漂亮的小碗里，再用一把漂亮的小勺盛一小勺饭，放在嘴边吹吹再喂到孩子嘴里。这个顺序对孩子来说，也是非常安全的。

如果某天换一个碗给孩子盛饭，或者换一把小勺，又或者在喂饭前忘了吹吹，都会让他"很不高兴"。他要么会闭着嘴拒绝吃饭，要么会把吃到嘴里的饭吐出来。

这些情况常发生在处于秩序敏感期的孩子身上，父母不要责怪他的这种行为，只须平静地将一切恢复常态即可。

但随着敏感期的进一步发展，孩子对秩序的关注便不仅仅局限于"要求他人"了——他会主动尝试着按照秩序做力所能及的事。此时，父母尽量不要过于"规范"他的行为。

当孩子用稚嫩的小手练着扣扣子、系鞋带的时候，妈妈赶快冲过来拉开他的手，并且说："你还做不好，来，妈妈给你弄。"

每天都用同样的小碗、小勺，用同样的方法吃饭的孩子，在对这个顺序认可后，他会逐渐产生自己吃饭的念头。尽管他拿勺子的方法还不标准，甚至不能准确地用勺子将饭送到嘴里，但他仍旧会努力地练习。这时，家长有可能会惊呼着冲过来，唠叨甚至责怪孩子，并且用最快的速度拿起他的小碗和小勺，一口一口地喂他吃。这种情况在生活中比比皆是。

用这种方法培养出的孩子，在自理能力上都会有所欠缺，有的很久学不会自己穿衣服，有的没有人喂就不吃饭。这些孩子的自理能力，较其他在秩序敏感期内被家长"放手"的孩子要差很多。

所以，家长在孩子尝试着做一些他能够明白顺序和规律的事时，在保证安全的情况下，要尽量放手让他自己去试。不要过多地干涉他，也不要责怪或否定他，要知道，伟大的科学家爱因斯坦小时候也做过两条很粗糙的小板凳呢！

孩子的秩序感既来自自己的观察，也来自大人的灌输。因此，家长要注意自己的言行对孩子思想的影响。

如果我们常对孩子说："吃完饭要将椅子摆回原位。"或者对他说："吃饭不要剩。"那么，他一定会养成相应的好习惯。

这是因为，我们向孩子灌输的这种思想，成了他的内在意识。这种意识一旦形成，孩子在用它监测环境的时候，就会严格遵守它，不会主动去破坏，更不允许别人去破坏。

坚持不同的规则，会让孩子养成不同的生活习惯。秩序敏感期在孩子6岁时才会慢慢消退，6年的时间足够他养成各种不同的生活习惯，而好习惯会让他受益一生。

2. 从小培养孩子懂礼貌，做个自律的人

一般情况下，2.5 岁左右的孩子逐渐不再以自我为中心，而对交朋友、群体活动有了明确的倾向，开始进入社会规范敏感期。

这时，家长要培养孩子明确的生活规范、日常礼节，使其日后能遵守社会规范，拥有自律的生活。

从小培养孩子要懂礼貌是家长义不容辞的责任，那么，怎样利用社会规范敏感期培养孩子成为懂礼貌的人呢？

一、懂礼貌，从生活细节做起。

飞飞在小区的花园里踢球，邻居家的香香抱着一个小鱼缸来晒太阳。

香香说："飞飞，你可小心点，别碰着我的鱼缸啦。"

飞飞说："那你离我远点，我可控制不好。"

香香抱着鱼缸走了。飞飞说："小心眼，真是的，说一句话就跑了。"

晚上，妈妈请香香来做客，教飞飞画画。

飞飞马上说："我不答应，我不学。"

香香说："你怎么态度这么差，我也是好心帮你。"

飞飞说："你的好心，我不需要。"

香香生气地说："飞飞，我可是到你家做客来了，你怎么这么凶啊，我不敢招惹你了。"说完，她转身就走了。

飞飞气呼呼地说："妈妈，我的态度就是这样，我又没说什么，看她气成那样。"

妈妈说："看来是我太惯着你了，你刚才很不礼貌，把香香气走了，一点也不像主人的样子。"

其实，礼貌表现在一系列细节上，所以只能在生活的点滴中慢慢地积累。家长只要发现孩子的不礼貌言行，就不要忽略，而要找适当的时机进行指正。

很多时候，孩子并非出于无礼，而是出于无意——无意中冒犯了他人。因为，孩子还不清楚怎样的言行才是有礼貌的。比如，案例中的飞飞在待人接物方面，并不清楚什么言行是得体的，所以，妈妈就要抓住机会对他进行教育。

小到称谓，大到待人接物，都蕴含着种种礼仪细节。孩子要学会礼仪绝非一日之功，所以，家长要做个细心人，只要发现孩子欠缺什么礼仪，就要及时为他补上这一课。

二、通过游戏、故事让孩子熟悉礼仪。

乐乐的妈妈买了一本故事书，都是讲小朋友如何学习礼仪的。例如，小猪去海龟家做客，它大声喧哗，还翻海龟的抽屉。海龟觉得小猪太不礼貌，决定下次不再请它了。

听完故事后，乐乐马上说："妈妈，我要做一个受主人欢迎的

客人，我做客时会乖乖的。"

妈妈听后，点头笑了。

妈妈常跟乐乐玩角色互换游戏，妈妈扮演主人，乐乐是客人，一起模仿待客、接客的情景——妈妈请他坐，为他倒茶，还端出了水果，他也礼貌地说"谢谢"，还主动要求帮忙。

这些礼仪细节，乐乐经常学习。慢慢地，家里来了客人，他都会做个热情好客的小主人。

礼貌要成为一种习惯，要不断地重复练习，其中，游戏和故事是深受孩子喜爱的方式。

孩子在玩乐中会慢慢熟悉各种礼貌用语、行为，这是一举多得的活动。年龄小的孩子，不易接受种种关于礼仪的说教，通过故事和游戏能让他学得更快。

三、巧妙指正孩子的过错。

大壮上小学一年级了，他的学习成绩不错，是班上的尖子生，妈妈因而觉得脸上很有光。因此，大壮在家里时谁都不想委屈他，总会把最好的东西给他。而大壮也总是大大咧咧的，很自我，妈妈也没放在心上。

前几天是周末，妈妈带大壮去参加同学的生日晚宴。他一会儿坐着，一会儿又站着，一会儿又到处转悠，整个人特别不安分。

妈妈看到大壮站没站相、坐没坐相，很想说他，但又忍住了。

等基围虾上来时，大壮的眼睛亮了，马上把一整盘端到了自己面前。妈妈觉得很丢脸，去阻止他，大家都忙说"没关系"。妈妈决定，晚上一定要给大壮上上礼貌课，现在先给他留点面子。

孩子犯各种礼貌错误是生活中常有的事，当他与他人在交往中有了不礼貌的言行时，家长不要当场训他，而要保护他的自尊心，私下再进行指正。

礼貌是一种从内散发至外的魅力，更多的是一种习惯、一种教养的形成。所以，在很多小事上，父母都要努力帮助孩子，让他把礼貌变成一种好习惯。

3. 以身作则，教孩子学会信守承诺

信守承诺是很多家长都想教给孩子的基本品质和行为准则，因为家长都知道，一个人能否信守承诺对他自身的发展很重要。但又不得不承认，很多时候，家长的教育总是收效甚微。

那么，家长怎么才能培养出孩子信守承诺的好习惯呢？

一、家长要言而有信。

丁丁最近在学钢琴，他向妈妈提出，希望妈妈也一起学。为了给儿子壮胆，妈妈就一口答应了下来。

没想到陪着丁丁学了一个月后，妈妈发现自己不太喜欢学钢琴，主要是也没有时间去学，常常爽约。开始她还找借口说工作忙，

或是头疼脑热身体不舒服，后来干脆连借口也不找了。

丁丁倒是还在学，不过常常会说："妈妈一点也没耐性，说话不算数！"

妈妈反而回他一句："学琴是你自己的事，干吗把妈妈也扯进来？妈妈要上班，又要忙家务，哪有时间学啊！"

家长是每个孩子的启蒙老师，也是对孩子影响最大的人。这样看来，孩子如果说话不算数可能就是受了家长的负面影响。

有时候，家长无意间给了孩子一个承诺，却没有去履行，可能家长并不是很在意，孩子却牢牢地记住了这件事，并且开始效仿。久而久之，他也会养成说话不算数的坏习惯。

上述案例中的这位妈妈，明明知道工作、家务是生活的常态，还是承诺跟儿子一起学琴导致出现了这种情况，为什么起初不多想想就那么轻易地答应他呢？这样，一不小心就在孩子心中树立了说话不算数的榜样，以后怎么能再要求孩子说话算数呢？

为了教孩子学会信守承诺，家长要从自身做起，不要随便地给他承诺，特别是那些很难实现的事情，这样能从根本上减少自己在孩子面前失信的可能性。

同时，答应孩子的事，家长都要尽量去实现——不管多么困难，抑或多么微不足道的事，对孩子来说，都能产生最直接的影响。

二、对孩子不守信的惩罚要切合实际。

高高已经是初中生了，这天去参加同学的周末派对，但回家时间比答应父母的时间晚了两个小时。可以想象，当他用钥匙打开家门后，要面对的肯定是他父母的一顿数落。

父母先是情绪激动地诉说自己是多么提心吊胆、多么焦虑，怕他出什么意外；接着，他们指责他是多么不懂事，让父母操心；最后，在气头上的他们放狠话："以后再也不许你出去玩了！"

谁都知道，说出"以后再也不许怎么样"的父母，其实对此完全没有监控和执行力，所以，这几个字是带有恐吓性质的空话。而孩子下次再去参加同学聚会的时候，基本上是隐瞒或撒谎了。

"爸爸，我去同学家做作业，晚点回来。"

"妈妈，我周末跟几个同学去郊游，要在外面住一晚。"

…………

这样的台词，与同学串通的"密谋"，从此就会不断上演。

专家建议，父母和孩子可以采取谈判的方式来讨论对承诺的遵守情况，运行模式、奖惩方式要合情合理。以这种方式确立出来的准则，实际操作、监督力是很强的，双方都容易遵守，而父母和孩子之间行为和信任的透明度也会很高。

4. 人际交往敏感期，教导孩子学会合作

现代社会是充满竞争的社会，在竞争的同时，更加要求合作；

如果没有合作，很多事都将无法完成。

日常生活中，合作的机会和事例屡见不鲜，而且，很多父母也开始重视和强调通过教育促进孩子认识合作的必要性。在共同学习和集体活动中，要帮助孩子不断地学习并体验怎样才能有效地达到共同目标。

所以，家长从小时候就要强化孩子的合作意识，培养他的团队精神，这样他将来才能更好地融入社会。

心理学家罗杰斯非常强调合作对个体成长的意义。他指出，合作有利于人际交往，彼此不仅能交流思想，还能分享许多深层的情感、内心的感受。

合作精神不仅包括分工合作，还体现了接纳、尊重、团结、友爱的精神。

因此，家长要意识到，培养孩子的合作精神不仅仅是因为社会竞争和分工的需要，还要意识到它是一种美德、一种优良的个性品质，不是孤立存在的，而是一个身心健全的人的基本素养。

人与人通过沟通与合作相互启迪，丰富彼此的人生，满足自我实现的需要。

当孩子进入人际交往敏感期时，在跟周围人交往的过程中，他会遇到各种各样的问题。那么，在日常生活中家长要怎样培养孩子的合作精神呢？

一、说话的语气和态度，是赢得孩子合作的重要因素。

妈妈给两个孩子分配家务：让每个人早上要铺好自己的床。

每一天，为了让他们做好自己的分内事，妈妈都是先提醒，做不好就是指责，最后是大吼大叫以及惩罚。

妈妈经常对孩子说的话就是："你们最好能做好，否则有你们好看的。"

很明显，妈妈这句话的意思是："你们要做我让你们做的事，做不好的话有你们好看的。"她强制决定了孩子要做的事，并且让他们去做，慢慢地他们就会对这种压力进行反抗。

与此同时，正是这种强制的方式刺激了孩子的叛逆和挑战。

妈妈分配家务的态度，摆明了她是老板，而孩子的反应和态度则是："你再逼迫我，看我会干出什么事。"

这就成了权力之争，而不是合作。妈妈是在把自己的意愿强加给孩子，而不是赢得他们的合作，以促成全家共同担负家务的责任。

当我们培养孩子跟自己合作时，自己首先要有合作的态度。这个合作不是妥协，而是心里要有这样的想法：我要跟大家一起，和谐地朝着共同目标努力。

而且，生活中，家长不要浪费能让孩子出力的机会。如果他很小就得到允许要出力——不是被要求，而是被允许，他就能体会到其中的乐趣，为自己的小小成就而自豪。

很多时候，家长要能够觉察到，孩子之所以不执行要求，很大程度上是自己提出要求的方式和语气不对。所以，好好说话真的很重要。

二、建立物权意识和界限感，别人的东西不能拿。

4岁的小溪，一直以来都是个懂事、文静的女孩子。但是，妈妈发现，她有一个不好的习惯，就是每次去别人家串门时，总是"不见外"：喜欢吃的东西直接就去拿，想玩的玩具也是拿来就玩。

妈妈告诉小溪好多次了，那是别人家的东西，先要征求别人的意见，可她就是记不住。

最难堪的一次，是妈妈带小溪从邻居家串门回家后，发现她手里拿了一辆小汽车。妈妈问她从哪儿弄来的，她若无其事地说，是从邻居家小哥哥那里拿的。

妈妈狠狠地训斥了她一顿，生怕她以后养成随便拿人家东西的坏毛病。

2岁的孩子开始进入物权意识敏感区，此时，家长帮他建立物权意识，区分自己和他人的界限显得尤为重要。

家长要告诉孩子："自己的东西可以自由支配，可别人的东西不能随便拿。如果想要拿别人的东西，一定要征求别人的同意，不能偷偷地拿，也不能硬抢。"

有的孩子会偷偷地拿大人的钱去买东西，看到其他同学的玩具好玩但自己没有，也可能会"顺手"拿回家。

这正是孩子没有物权意识造成的，父母要帮助他建立起这种意识。

当孩子喜欢拿别人的东西时，不要轻易地指责他是小偷，请先帮助他分清楚：物品有私人和公共的区别。对私人物品，不能乱碰；对公共物品，从哪里拿的要放回哪里——而且，谁先拿到谁先使用，后来者就要排队。

5.让孩子参与家庭决策，教他学会担当

挪威作家比昂斯滕·比昂松说："一个人越敢于担当大任，他的意气就越风发。"

这也说明，当孩子进入人际关系敏感期时，他会对人和人之间微妙的关系有自己的理解。家长充分利用这一时期，培养孩子的担当意识显得尤为重要。

家长要认识到，培养孩子的担当意识是胜于单纯的知识学习或能力培养的。在生活中，家长要如何教孩子学会担当呢？

一、给予孩子信任。

信任是这个世界上最神奇的东西，因为它给予对方的是来自内心深处的心理感应。获得此种感应，人的潜力会瞬间爆发，甚至会长久地保持。任何人都是巨大的矿山，开采程度如何不但来自自身的努力，也来自外界的正确评估。

当我们以信任的眼光看待一个孩子时，目光中充满的是激励、肯定和厚爱，他以那颗敏感的心感受到这种珍贵的信任后，会以实

际行动验证外界给予他的支持。而类似此种任务的安排，确立的不仅是他作为独立个体的生命尊严。

二、让孩子参与到家庭决策中来。

也许，大部分家长会说：小孩不懂事，只会添乱，现在就让他接触大人的事是不是有点过早了呢？

其实，家长要这么想就错了。相反，孩子会非常乐意接下这个差事。

正是因为通过长期参与家庭决策和管理，孩子在家里也会有平等的话语权。所以，他也会渐渐地有了自己的想法、见解，以及很强的责任心。

社会心理学家约翰·迪法兰和尼克·史汀曾询问过100名儿童："你认为怎样做才算是一个快乐的家庭？"

出乎意料的是，孩子列出的最多答案不是金钱，不是房子，也不是大屏幕电视机，而是："与家人一起做一些事。"

曾经有人做过调查，凡是不顾父母经济承受能力，无止境地追求吃喝玩乐的孩子，都生活在过于传统或专制的家庭——父母不跟他算细账，他也不知道家庭收入的实际情况，所以花钱会肆无忌惮，丝毫不考虑父母的感受。

此外，那些唯唯诺诺、没有主见的人，大多数小时候在家庭中都没有参与当家的权利，而习惯了被使唤。所以，对孩子来说，家庭参与意识非常重要，及时培养他的这一习惯，对他将来的发展有很大的积极作用。

当孩子能做一些事的时候，家长就要放下顾忌，给他一个舞台。从做家务开始，扫地、刷碗、收拾房间……科学研究表明，做家务的孩子有更多的潜力，因为细微处的承担，能让他在未来自觉地做好本职工作。

6. 教孩子敢于面对失败，"输得起"比"必须赢"更重要

5 岁的程程聪明可爱，不仅人长得帅气，而且画画得好、识字多，还会讲故事。他不仅在家里经常被父母夸奖，在幼儿园里也经常被老师表扬。因为很少听到批评，有时候他听到有人说自己一点不好，就会大发脾气。

有一次，程程和表哥表弟一起比赛讲故事。游戏经过几轮后，表哥比他高出两分，得了第一名，他排在第二。没想到，一听说这个结果，他就哇哇大哭起来："为什么我不是第一名？难道我表现得不好吗？"

后来，经过妈妈反复地解释，程程才停止哭闹，但他一直对自己没得第一名不能理解。

妈妈疑惑了：为什么这个孩子输不起呢？

如今，越来越多的家长发现，自己的孩子非常重视"自我中

心"，凡事都要以"我"为先，十分在意输赢或得失——比赛甚至游戏，他都输不起，输了就耍赖，不愿再玩。

有些孩子更是经不起一点挫折，如果他认为这项活动或任务有困难自己可能做不好，就干脆放弃，根本连尝试的意愿都没有。

为什么孩子会这么在意输赢？这又是如何造成的呢？

这是因为，家长总是帮助孩子打理好生活中的一切，让他在无忧无虑中成长，甚至为他规划好了未来的发展。他也因过于"万事如意"而无法承担生活中小小的不如意，出现输不起、挫折容忍力差的状况。

处于各类敏感期的孩子，自我意识会增强，开始接触社会的各类规则。敏感期乃至青少年时期，是一个人性格形成的关键期。

在这个时期，一味地强调、灌输"赢"的概念，并不是正确的做法。真正聪明的家长，会潜移默化地引导孩子适应种种心理情境，锤炼、锻造他的承受心理。

当孩子遭遇失败时，表达失望和愤怒不是家长该做的，应该做的是如何利用目前的既定事实——用"输"来引导孩子端正人生观、价值观，提高他应对挫折的能力。

那么，家长要怎么做呢？

一、让孩子坦然面对挫折。

失败乃成功之母。生活中大大小小的逆境，都是磨炼孩子毅力和意志的运动场，是帮助他成长的催化剂。人们对待逆境所产生的反应能力，决定了其逆商的高低。所以，身为父母，不能错过培养孩子的逆商这一课。

如果孩子在受到意想不到的外力冲击时，能迅速地反弹起来，表明他拥有并会使用自身的力量。每一个问题的解决，都会让他感受获得成就的快乐，获得自信和探索的勇气。而正是这种勇气和自信，使他继续提升自己的能力，并能以这种积极的心态应对随时出现的不同问题，并遇事不慌。

当孩子确认自己已经走入一条死胡同时，尝试另辟蹊径的结果，很可能是柳暗花明。因为，屡战屡败之后，他比较容易发现、进而纠正自己的错误。经过逆境的打磨，他慢慢地学会控制自己的情绪，学会逆事顺办形成坚持和执着的品性，为人生中的种种困境罩上希望的光环。

二、引导加鼓励，点燃孩子心中的希望。

眼见幼儿园里很多小朋友都能把"葫芦8"写得很好看，阳阳的感觉简直糟透了。

回到家后，阳阳垂头丧气地告诉妈妈，他永远也写不好"葫芦8"了。

看着歪歪扭扭的"8"，妈妈比儿子有信心："我相信只要多练习，今天晚上阳阳肯定能写出更漂亮的'葫芦8'！"

当孩子在生活中遭遇挫折时，家长要引导他分析原因，从中吸取教训，并想办法克服困难。当他自己克服了困难后，家长要予以鼓励、肯定。这样，他就能体验到成功的喜悦，增强克服困难的信心。

如果孩子独自克服不了困难，家长要给予适当的安慰，并提供一定的帮助，以免造成他过分紧张，影响他的身心健康。

当孩子误以为自己走投无路的时候，最需要父母帮助点燃他内心中的希望，看清自己的潜力。那就鼓励他坚信：挫折只是暂时的，努力就会成功。

三、让孩子尝试的同时，别忘了"借力"。

笑笑连续跳绳从没有超过两下，是班上跳绳最差的孩子。一到跳绳时间，她就找借口，不是上厕所就是腿疼，反正总是想躲过失败后的尴尬。

听到老师的反映后，妈妈对笑笑说："笑笑画画这么棒，学画可比跳绳难多了。如果你能花学画一半的工夫来学跳绳，过不了多久，你跳绳的水平肯定会超过别人。"

孩子有时会主动拒绝尝试新的或他认为困难的事，如果家长帮助他将目标确定成"试一试"，而不是"一定要成功"，他的内心就会轻松许多。

"尝试"是提升孩子逆商的铺路石，他一旦被剥夺了尝试的机会，也就等于被剥夺了犯错误和改正错误的机会，离成功之路也就越来越远了。家长的聪明之处，在于即便是一次失败的努力，也要让孩子觉得有所收获。

同时，在某一领域里的充分自信，能帮助孩子更好地面对来自其他方面的挫败。如果面临挫折，孩子将自己的优点丢在脑后，家长一定别忘了提醒和激励他，他能借助优势的一面改变弱势的一面。

四、正视失败，学会欣赏胜利者。

在一些亲子活动比赛中，有的孩子因为失败了站在一旁哭。家长在旁边看着心疼，于是安慰说："我们认为你是最好的。"家长原以为孩子会停止哭泣，恰恰相反，他哭得更厉害了。

家长要记住，自己的这种做法不要有第二次。

孩子从因为失败而难过地哭泣，变成了自认为裁判不公而委屈的哭泣。但是，比哭泣更严重的是孩子想法的转变，因为，家长安慰的话语在孩子心里其实已经翻译成："我是最好的，但老师是不公平的，我再也不要参加比赛了！"

这样下去，孩子会更加认为自己没有输，开始抱怨别人对自己不公，最后，他就会把自己的失败归在裁判或他人身上。这种心理严重扭曲后，他就会产生不健康的成长心态。

所以，家长要积极地引导孩子正视自己的失败，告诉他："你现在虽然输了，但你已经很努力了，只要你找到失败的原因，并继续努力下去，你一定会成功。我们为你的努力感到自豪！"

同时，学会从容面对战胜自己的对手，并且去欣赏对方的优点。这是家长在孩子面对挫折后，需要去重点引导的问题。

有时为了安慰自己的孩子，家长会贬低其他孩子，或者不经意间流露出对结果的不满。这些细小的行为都会被孩子观察到，从而影响他遭遇挫折后的心态。

作为家长，我们要在引导孩子承认对方的胜利之后，跟他一起对胜利者的成功心态进行分析，一起找对方取胜的原因——为什么

对方取得了胜利。最重要的是，家长要让孩子自己找出胜利者获胜的原因。

在这样的引导下，孩子不仅能平静地面对自己的失败，更加能懂得如何欣赏对方，他的人格也就逐渐地完善了。当他长大后，他会遇到各种竞争，而他因为之前已经学会了从容地面对竞争并且欣赏对手，此时他的个人魅力就会展现出来。

在一些家长看来，孩子的成绩就是大人的"脸面"——好了脸上有光，不好了就丢人现眼。所以，一旦孩子犯错或遭遇失败，面子上首先挂不住的恰恰是家长自己。

家长希望孩子在挫折面前有很好的表现，自己却不能客观地看待他的失误、接受失败的现实，指责、埋怨甚至挖苦他，这只能给他的心理蒙上一层阴影，加速他的自暴自弃，使他误以为失败是可耻的。

这样看来，正是家长的"坏"榜样造就了孩子的"输不起"，并直接导致了他逆商指数低。家长明智的做法是教会他"不以成败论英雄"，平和、坦然、一分为二地面对失败。

7. 别让孩子拿哭闹当武器，教他学会换位思考

涛涛马上就要上小学了，可他还是动不动就爱哭。有一次，妈妈带他去超市，看到自己最爱的变形金刚玩具，他嚷嚷着非要让妈妈给买。

妈妈告诉涛涛，家里的玩具已经有很多，不能再买了，他就坐在地上哇哇大哭起来。

妈妈觉得很没面子，就打了他两巴掌，没想到他越哭越起劲。

看见周围的人都过来看热闹，妈妈想赶紧带涛涛回家，他却在地上打起了滚。

妈妈觉得尴尬极了……

不少家长有同一个烦恼：孩子好像经常会用哭闹来作为"武器"——为了一颗糖或者一个小玩具就哭闹不止，怎么劝说都没用，非要达到诉求才会停止。这种现象一般称为"习惯性哭闹"。

其实，这种现象的形成也是有原因的。

习惯性哭闹的孩子，大都尝到过哭闹的甜头，只要他有一次以哭闹作为"武器"成功了的经历，他就会记在心上，下一次无论有理的或无理的诉求，他都会以哭闹来争取。

有时候，家长无法控制自己的情绪，对孩子过于大声或严厉地呵斥，都会伤害他幼小的心灵。此时，他就会学着父母来发脾气，或因为受到惊吓只能以哭闹来表达内心的恐惧。

同时，过分地迁就和宠溺，不只会让孩子变得蛮横无理，更甚者会造成他性格上的缺陷，使他无法学会体谅别人的心态。特别是隔代的宠溺，更是会让孩子肆无忌惮地去挑战父母的威严。

为了避免让孩子拿眼泪当武器，家长一定要注意，在最初的时候就不要让他达到目的。如果孩子已经染上了这个坏毛病，想让他乖乖地改，家长还真需要有点狠心，也需要有点耐心，最后还需要统一教育思想——至少是父母的内部统一。

当孩子哭闹着要满足他的要求时，家长要么走开，让他独处；要么就直接告诉他，哭也不能答应他的这种无理要求。总之，目的只有一个，就是让他知道：眼泪是不能当作武器的。

孩子哭着要买这买那时，家长在尝试讲道理无果后，通常会变得急躁，有的甚至会打骂孩子，进而强行制止他的行为。这种教育方式过于粗暴，并不能在真正意义上让孩子"缴械"，反而会让他继续哭闹。

这时，家长要尝试转移孩子的注意力，让他把兴趣放到别的事物上。比如，孩子想买漂亮的小裙子，妈妈就要对她说："哎呀，外婆做了很多好吃的在等我们呢，现在再试穿裙子就来不及去了。宝宝今天穿得已经很漂亮了，外婆看到肯定会夸你的！"

对于一犯错就哭闹的孩子，家长在狠心的时候，也需要对他有耐心。在事发当时，要对他进行小小的惩罚或批评，事后要多跟他沟通——问问他为什么要这样做、这样做对不对等。

这样，孩子才会明白自己为什么会被惩罚，为什么会被批评，从而真正地去改正错误，避免以后再用哭闹逃避责备。

很多孩子在哭闹时，通常只考虑自己的感受，不考虑周围人的感受，这时，家长就要让他学会换位思考。

朵朵本来是个很乖巧的小女孩，成天都乐呵呵的，不过最近一段时间，她突然变得特别爱哭。只要遇到不顺心的事，比如想买一条漂亮的裙子而妈妈不同意，或者爸爸不让她把动画片看完，或者自己不小心摔倒了，她都会大哭大闹。

每当此时，父母不由自主地会心软下来，顺从女儿的诉求。

最近几天，朵朵的哭闹行为有愈演愈烈的趋势，连她自己做错事了也会哭个不停。

妈妈就想了一个办法去试试。有一次，朵朵在超市嚷嚷着要喝饮料的时候，妈妈突然松开她的手，蹲在地上"哭"了起来。

这可把朵朵吓坏了，她哭着赶紧抚摸着妈妈的后背说："妈妈，你怎么啦？妈妈你快别哭了，我不要喝饮料了！"

妈妈的这个举动引来不少人围观，但她不顾旁人的目光，在朵朵说不要饮料后，抬起头看着眼泪汪汪的朵朵，问道："朵朵，妈妈刚才这样丢人不？"

朵朵点点头。

妈妈继续说："那朵朵这样做呢？"

朵朵又点点头。

妈妈趁热打铁地说："那朵朵以后还会不会随便在街上哭啊？"

朵朵这回摇了摇头。

妈妈这个大胆的举动虽然有点"丢人"，却让朵朵换位体验了一回哭闹的难堪，之后，她再也不会随便哭闹了。

其实，对孩子而言，哭泣有时候并非表明他真正受到了伤害，更多的是他把眼泪当成了对付父母的武器。通过哭闹，他能引起父母的关怀和注意，能得到自己想要得到的东西，还可以逃避惩罚。

孩子把"哭泣"当武器的原因，其实是父母造成的。

当孩子第一次无意识地想通过哭泣来达到自己的某个目的，比如得到某个玩具、逃避某种惩罚，或者让父母带他去游乐场玩耍时，如果父母答应了他的要求，这就等于间接地告诉他，只要哭闹，就一定能实现自己的愿望。

无形中，这也就间接地鼓励了孩子的哭泣行为，使他意识到可以用哭泣作为武器来达到自己的要求。这样，久而久之，哭泣就成了他的"法宝"，他就逐渐学会用哭泣来解决问题，得到自己想要的一切。

要使孩子改掉爱哭的坏毛病，家长就不能被他的哭泣所迷惑和软化。家长要善于识破孩子的小聪明，更不要由于他的眼泪而改变决定。

因为，家长如果这样做了，不但会给孩子造成言而无信、出尔反尔的印象，影响自己在他心目中的威信，同时也使他的哭泣得到了"回报"，间接鼓励了他的哭泣行为。

　　家长要记住，坚持自己的决定，就是一种对孩子把"哭泣"当武器的行为最有效的改进。

第九章
利用敏感期，在日常生活中培养重点

1.保护孩子的专注力，家长首先要有耐心

2.遵守规则，从小事做起

3.培养孩子的劳动能力，教他学会生存

4.让孩子多动手、多动脑，培养他勤于思考的能力

5.鼓励孩子勇于挑战，培养他抗挫折的能力

6.不要怕孩子淘气，要保护他的自尊心

7.多一些陪伴，用倾听走进孩子的内心

8.尊重孩子的选择权，培养他的独立人格

9.给予孩子自由表达的机会，培养他的想象力

1. 保护孩子的专注力，家长首先要有耐心

对儿童来说，专注力是一种很重要的心理品质，因为它是形成意志力的基础。然而，很多家长都有这样的担忧——觉得自己的孩子做事是三分钟热度，注意力难集中，这让人很头疼。

但是，家长要充分利用敏感期，比如，用细微事物敏感期等来正确地引导孩子，提高他的专注力并不是难事。

"你在看什么呢？一堆蚂蚁有什么好看的？来吃水果吧。"

"告诉妈妈，你在做什么呀？"

"你玩积木都玩了半天了，要不要喝水啊？"

"你很长时间没小便了，要不要小便啊？"

"奶奶来了，快出去迎接！"

"你在画什么啊？画得怎么样了？"

"你能不能不要那么磨蹭，快点！"

类似这些话，想必家长最熟悉不过了。然而，很多家长并不知道，当这些语句夹杂着不耐烦的情绪传递到孩子的耳中时，他的专注力就被我们无情地打断了。

专注力是人的"十二情商"之一，一个孩子能否很好地适应环

境，跟专注力有很大的关系。值得一提的是，专注力是孩子与生俱来的能力，在他刚出生的时候就会很强。比如，孩子吃奶的时候，专注力简直能达到"忘我"的境界。

如果日后得不到合理的培养和保护，孩子的专注力是会衰退的，"三分钟热度"便是专注力衰退的结果。

然而，很多家长并不相信自己孩子的专注力是天然形成的，经常抱怨他专注力不足，或刻意培养他的专注力，甚至不惜代价把他送进各种专注力培训班。实际上，孩子的专注力不需要培养，只需要我们的呵护与理解。

当老师对家长说："你的孩子专注力不足，上课走神；别的小朋友都在认真听讲，只有你的孩子在干别的事……"

家长听后，内心顿时翻江倒海，以往对孩子优秀的评价与信任在这一刻瞬间倒塌。接着，就开始教育孩子上课要认真听讲，不能这样，不能那样……

可是，孩子的专注力真有问题了吗？

仔细观察就会发现，即便是上课不听讲的孩子，他也不过是在专注于他喜欢的事情而已。3岁前，他主要是以无意注意为主，他常被外界的一些刺激吸引；3岁后，他慢慢地转化为有意注意，开始知道自己喜欢做什么。

所以，当家长发现孩子在认真做一件事的时候，说明他的专注力是没问题的。这时，家长需要做的就是不去打扰他，并且尽可能地保护好他的专注力。

如果孩子原本有15分钟的专注力，而家长隔三岔五地去跟他说话，那么，他的专注力就会被割断成三五分钟的碎片。

那么，家长要怎样保护好孩子的专注力呢？

一、不要随意打扰孩子。

一位妈妈带着孩子去旅行，当走进大自然的怀抱时，他们都被眼前的美景惊呆了——如画般的山水与蓝天白云映入眼帘。

就在孩子沉浸在梦幻般的美景中时，妈妈突然问："你看，这景色优美吗？""你看见了什么？""你觉得那山像什么？要不把它画下来？"

…………

原本全身心投入欣赏当下美景的孩子，被妈妈的话打断了，于是他只能把专注力转移到妈妈的话上，停止对当下的专注。如果这种事在家庭中时常发生，那么，孩子的专注力怎能发展到高度集中呢？

所以，当孩子在专注做某一件事的时候，譬如琢磨玩具、看书，甚至是吃饭的时候，任何人都不要去打扰他，甚至打断他。

尤其是处于细微事物敏感期的孩子，他可能会专注于很多在大人眼里看来觉得"无聊"的小物件。比如，盯着几只蚂蚁看，或者摆弄一堆碎纸片玩半天，家长切不可随意打断他。

二、不要催促孩子。

成成正在画画，画他最爱的恐龙。

可是，妈妈急着要出门，于是每隔三五分钟就过来问："画好

了吗？快点啊，再给你最后 5 分钟。"

原本沉浸在绘画世界里的成成，只好一边应付着妈妈，一边胡乱地画了两笔，就匆匆跟着她出门了。

孩子做事的节奏通常比大人慢，家长需要接纳这一点。随着孩子的年龄增长，如果他拖拉的现象越来越严重，说明他在过去的生活中可能受到过许多批评与责骂，导致他"不愿开始"，而"拖拉"能让他不必面对过去的批评与责骂。

三、多让孩子做一些指示清晰及要求明确的事。

只有在专注力非常集中的情况下，孩子才能实现你给他布置的任务。但要注意，不要一次性给他太多的任务，先从一个任务开始，并且指示要清晰。

比如，马上到新年了，妈妈要布置一下过节的气氛，就可以这样安排："儿子，先把台子上的花帮妈妈拿过来。"

如果孩子平时做得很好，需要增加任务，妈妈可以这样安排："儿子，先把台子上的花瓶帮妈妈拿过来，再把桌上的鲜花给妈妈拿过来。"

经常这样循序渐进地培养，孩子的专注力就会一天比一天提高。想要孩子拥有良好的专注力，需要家长细心、耐心地引导和培养他。专注力不是一天两天就能培养起来的，但破坏专注力却很简单。所以，想要孩子拥有良好的专注力，家长的努力不能少。

2.遵守规则，从小事做起

4 岁的齐齐和好朋友妙妙，一起在小区的广场上玩耍。

齐齐很想要妙妙的美羊羊玩偶，妙妙对她说："如果你能把昨天老师教的诗歌背出来，我就把美羊羊送给你。"

齐齐太想要那个玩偶了，于是她努力回想着那首儿歌，然后正确地背了出来。

然而，妙妙没料到齐齐真能做到，于是她紧紧地抓着玩偶，对齐齐说："我不能给你，这是我最喜欢的。"

齐齐很激动地说："可是，你说如果我能背出来那首儿歌，你就送给我的。"

妙妙依然抓着玩偶不放，然后趁齐齐不备，转身跑掉了。

齐齐很伤心，她找到在旁边与人闲聊的妈妈，说："妙妙说话不算数，她那样是不对的……"

妈妈除了安慰女儿以外，也想不明白那个玩偶本来就不是她的，她为什么会如此在意呢？

不仅如此，在妈妈眼里，齐齐"较真"的时候也越来越多。

一天，妈妈心情非常不好，齐齐一不小心惹到了她。妈妈生气地拽着齐齐进了小房间，然后把她一个人反锁在了里面，并且训斥道："给我好好反省一下！"

不一会儿，妈妈把齐齐"放"出来，她却很坚决地对妈妈说："你刚才那么大劲地拽我，拽得我很疼，所以，你得向我道歉。"

妈妈听后，又好气又好笑……

4岁左右的孩子，开始对规则的建立与遵守显得格外在意，这一阶段就是他的社会规则敏感期开始了。

这个阶段的孩子，喜欢建立一些规则，若是有人不遵守，或者是破坏了原来的规则，他就会觉得非常不舒服。所以，在这一时期，家长要宽容地看待孩子对于规则的执拗。

处于社会规则敏感期的孩子，在做事之前都会去建立一些规则，以约束每个参与这件事的人。因为，规则会让处于这个时期的孩子感到安全，而他的自我意识在进一步发展，所以开始要求平等、公正。

这个时期，孩子开始与他的小伙伴交换玩具，或者互相定一些规则来进行游戏。

在这个过程中，规则是否公平、是否有人擅自更改规则等问题，都是不可避免会发生的。而在孩子的思想中，规则是不能被打破的，一旦有人违背，他的内心就会产生消极影响。

其实，这些都是孩子在维护自己的权利，他是在规则中寻求公平。

所以，当孩子处于这一敏感期的时候，家长要尊重他的权利，不要表现出不屑，甚至敷衍，只有这样，他的规则意识才能顺利并快速地建立起来。若是家长能加以正确的引导，他就能真正明白哪些权利是他必须维护的。

那么，针对这一时期的孩子，家长要怎么做呢？

一、允许孩子玩有输赢规则的游戏。

孩子喜欢在游戏中设定一个规则，比如，对分工有一个固定的要求，每个人都要遵守，违背者就会引起他的情绪波动；或者，游戏结果输赢明了，赢的人就要得到奖赏，输的人就要受到惩罚。若是有人不接受这样的规则，他同样会觉得很不舒服；若是有人中途擅自更改了游戏规则，或者使他的权利受到了侵犯，他更是会非常不满，甚至会发脾气，等等。

在这一系列产生问题、解决问题的过程中，孩子就是在学习承受着输赢，以此来培养自己良好的心理素质。所以，家长不要介意这样的游戏，这种输赢游戏是孩子成长的需要。

二、正确看待孩子所要求的"公平"。

正因为有规则的存在，所以孩子才格外要求"公平"，这也是他在维护自己的权利。

比如，孩子与妈妈一起去餐馆吃饭，服务员有可能会因为他是小孩子而不给他点餐的权利，这就会使他感到不公平。他会认为，既然来饭店的都是顾客，这就是规则，为什么他就不能点餐呢？

面对这样的情形，妈妈要能正确地看待孩子的心理需求，千万不要说他"无理取闹"，或者训斥他，而要主动去维护他的权利。

妈妈这样做，同时也是在保护孩子的自尊。

三、多向孩子灌输好的规则意识，大人也要遵守。

孩子的规则意识，有的是从小形成的固定秩序使他树立了内在的规则意识，有的则是他通过家中长辈的灌输来形成的。

有句话叫"习惯成自然"，家长通过引导使孩子逐步建立并完善良性的规则，这样他就会将执行规则变成他的自身需要。在良性规则的约束下，他也就很难被一些歪风邪气所误导，这也有助于他的健康成长。

同时，家长也要注意：不能一边给孩子定规则，一边自己又破坏规则。比如，家长教育孩子"红灯停，绿灯行"，自己却经常闯红灯。这是对孩子内心规则的不尊重，同时也会对他良性规则意识的形成产生消极影响。

所以，家长自己也要遵守规则，给孩子做一个好榜样。

在社会规则敏感期，家长不要强迫孩子做违背他自身规则的事，而要尊重他的规则意识。同时，还要注意孩子的规则也有正确与错误之分，要能准确地判断。

对于孩子的正确选择，家长要尊重并支持；而错误且偏激的选择，家长要通过引导、教育来帮助他明辨是非。

3.培养孩子的劳动能力，教他学会生存

有这样一个故事，说的是在森林里野餐的一群孩子迷了路，在潮湿、饥饿中度过了恐怖的一夜。

他们无望地失声痛哭："爸爸妈妈永远也找不到我们了。"其中，一个孩子绝望地哭着说："我们会死在这儿。"

此时，11岁的伊芙雷站了出来。"我不想死！"她坚定地说，"我爸爸说过，只要沿着小溪走，小溪就会把我们带到一条较大的小河，最终一定会到达一座小城镇。现在我打算沿着小溪走，你们可以一起跟着我。"

结果，在伊芙雷的带领下，他们顺利地走出了森林。

也许大家会认为，像伊芙雷这样的女孩，生来就有生存的本领。其实，本领不是天生的，是得益于家长的后天教育与培养。

目前，西方一些国家十分重视孩子的生存教育，从孩子懂事起就教育他如何学会生存和自立：学会自己吃饭，能整理自己的东西，跌倒了自己爬起来，并知道在什么情况下怎样去保护自己等。

尤其对处于敏感期的孩子，不管是自我意识敏感期，还是动作敏感期、感官敏感期，他的动手能力都得到了加强。在这一阶段，

家长有意识地培养他做家务的能力、生存的基本技能，这对他潜能的开发大有益处。

哈佛大学的学者曾经做过一项调查，最后得出一个不可思议的结论：爱做家务的孩子和不爱做家务的孩子，成年之后的就业率之比是 15 ： 1，犯罪率之比是 1 ： 10。

爱做家务的孩子，长大成人后心理疾病患病率低，离婚率也低。培养孩子做家务还有更多显见的益处，比如，在他做家务的过程中，能够提高他的动作技能、认知能力以及家庭责任感。

在孩子 3 岁前，如果家长已经让他养成不做家务的习惯，那到了 3～6 岁，家长就会发现，要求他收拾桌子或是他的玩具，他就会变得有困难，对大人的要求表现出不耐烦和抵制的情绪。

这可能会使家长感到，与其要求孩子去做，还不如自己做来得容易——这样更助长了孩子不做家务的惰性。

让处于敏感期的孩子轻松养成劳动的好习惯，家长可以试着从以下几方面入手：

一、让孩子感到自己的重要性。

处于自我意识敏感期的孩子，渴望被大人注意到，并且喜欢体现自己的价值。家长可以告诉他，他的劳动给家庭带来了很大的帮助，这样会节省出更多的时间让全家人一起娱乐。

二、给孩子提供选择的权利。

家长给孩子提供一份所有他能够做到的家务清单，让他自己选择其中的一两项，这会让他感到自己拥有选择和控制的权利，从而心甘情愿去做自己选择的事。

三、忘记"完美主义"。

对处于敏感期的孩子来说，积极地参与比结果更为重要。如果他洗的袜子不够干净、擦的桌子不够亮，家长不要去批评他的工作，因为批评会挫败他的自尊，更会降低他与人合作的意愿。

如果某件事家长每次都要求孩子必须完成得尽善尽美，那这绝对不是一项适合他去做的事。

四、给孩子做个好榜样。

家长千万不要当着孩子的面抱怨做家务的烦琐和无聊，这会给他传达一个信息——做家务是一件非常可怕的事。

家长要尽量让孩子认识到，帮助大人尽快做完这些事，就能留出更多的时间陪他一起玩。

五、不要强迫孩子。

家长不要采用强迫的方式去管孩子，而要给孩子留一个缓和的过程，或一点余地。比如，你可以这样对孩子说："让你玩10分钟，时间一到，就立刻去收拾你的书桌。"

六、合理安排任务。

对3～6岁学龄前的儿童来说，重复做某件事就会让他感到乏味。所以，家长要不断地变换任务。

对完成任务来说，刚开始时与其说是让孩子帮忙，还不如说是给家长增加"负担"。但家长要知道，这是培养孩子独立性、乐于助人品质、家庭责任感的大好时机。

四五岁的孩子，已经具备了完成简单的家务劳动所要求的良好的协调能力、灵敏度和注意力，即使他不能完全理解父母的意图，对他来说，家务劳动也是益处多多。

家长要充分信任孩子，让他发挥自信去独立完成某件事。同时，也要帮助他理解劳动是每个人应尽的责任和义务。

4. 让孩子多动手、多动脑，培养他勤于思考

游乐场中，一个4岁的男孩子因为腿不够长，无法爬上滑梯的第一级台阶，央求妈妈把他抱上去。

妈妈告诉他："动动脑筋，你就会有办法的。"

小男孩想了想："把我的小推车拖到那儿，然后站上去。"

"很好，去吧，孩子。"妈妈点头赞许地说。

就这样，小男孩十分容易地爬上了滑梯。

处于动作敏感期的孩子，开始尝试"探索世界"。3～6岁的孩子，运动能力已经比较完善，他热衷跑步、跳高、玩球、蹦蹦床等运动。

符合孩子发展规律的运动，能促进他脑部的发育，是他智力发展的重要方式。比如，多去大自然里参加户外活动，或者做适合自

己的运动，这有助于孩子的身心健康，以及学习能力的提高、情绪的调整。

然而，经常"上天入地"的孩子，渐渐地会发现自己并非无所不能。这时，家长要鼓励他多动手，同时也要多动脑筋，遇到问题多想办法，培养他勤于思考的习惯。

培养孩子多动脑和善于思考，家长可以从以下几方面着手：

一、必须让孩子在日常生活中摆脱对家人的依赖。

孩子能自己做的事，就一定让他亲自去做；凡是他能自己解决的问题，就一定不要帮他去解决。

二、运用激励的手段，让孩子尝到动脑筋的甜头，享受成功的喜悦。

哪怕孩子只取得微小的进步，家长也要及时给予肯定，热情地鼓励。

同时，家长也应该让孩子分担一些力所能及的家务，这对他心智与精神的成长都有积极作用。他在家务中不但学到了做事的方法，培养了良好的生活态度，同时也学会了协调动作的灵巧能力和处理空间关系的能力，这些都能促进他思考能力的发展。

家务活、手艺制作和户外活动对孩子具有很大的启发作用，因为这是在不断地对孩子提出问题，不断地向他做出生动的、有启发的挑战。

5. 鼓励孩子勇于挑战，培养他抗挫折的能力

5 岁的千千从小就特别敏感，尤其是听不得批评的话。有时候玩玩具，一开始自己玩不好或者不会玩，她就急得哇哇大哭。

有一次，爸爸给千千买了个新的拼插玩具，她拼了半天马上就要拼好了，可是因为突然用力太大，整个玩具一下子散开了。

千千生气地把玩具扔到地上，说："爸爸，我是不是什么都做不好啊？我离开这个家算了！"

爸爸感到非常震惊：这么小的孩子怎么会说出这种话呢？他只好安慰女儿："一件事做不好并不代表什么事都做不好啊！再说了，一次做不好可以试第二次、第三次呢。不管你以后做事做得好还是不好，你都不能离开家，爸爸妈妈爱你，一家人都爱你，你怎么能离开呢？"

千千似懂非懂地擦了擦眼泪，点点头。

爸爸的心里却轻松不起来，觉得孩子抗挫折的能力有些欠缺，却不知道该怎么做。

追求卓越、勇于挑战是孩子取得成功的良好品质，但这种品质需要很强的抗挫折能力。

因为，挑战困难就意味着要面对可能存在的失败，任何人做事都不可能一帆风顺，都会遇到挫折，如果没有一颗坚韧的心，缺乏承担失败的勇气，就不可能走向成功。

然而，现实生活中，很多孩子受不得挫折，无论是求学还是人际交往等过程中，遇到一点挫折就自暴自弃，甚至走向歧途的孩子不在少数。

所以，培养孩子的抗挫折能力，必须从小做起。

3岁左右，孩子渐渐进入了各类敏感期，尤其是处于执拗敏感期、秩序敏感期和人际交往敏感期的孩子，会在生活中经历各种各样的挫折。此时，家长一定要顺势利导，鼓励他勇敢地应对挫折。

那么，鼓励孩子勇于挑战，家长可以这样做：

一、帮助孩子缓解情绪。

在经历挫折的过程中，如果孩子的负面情绪过于激烈，那么，下次他更可能会本能地逃避，而不是理智地面对。

在"下次怎么办"这个问题上，情绪具有隐性和重大的影响力。简单而言，在经历一件事时，情绪体验的好坏影响着孩子对这件事的判断，以及下次遇到同样的事时孩子的行动倾向。

好心情让孩子本能地倾向于"下次还要"，而坏心情则可能导致"下次不要"。

挫折本身就不会让人喜欢，要想让孩子在将来能够更理智地面对挫折，首先就要降低而不是加重情绪的负面影响力。因为，过于激烈和过于持久的负面情绪会严重干扰甚至阻断理智的运转，最终

导致孩子本能地逃避。

对孩子来说，所谓的抗压能力不在于"单次能扛得住多大压力的能力"，而在于"遇到压力时，能多快缓解压力、平复情绪"。

在生活中，每个人自然会遇到各种挫折，孩子也不可避免地会产生各种情绪和压力，这都是他必须经历的。

假如家长由于自己内心的焦虑和恐惧而带着孩子逃避，那就是在阻碍他的成长。尤其是面对处于 3～6 岁敏感期的孩子，当他产生本能情绪后，从生理能力上还不能通过自我调节来恢复平静。

家长必须做好孩子情绪的"外部调节器"，帮他缓解压力、平复情绪，这将影响他在成年后是否具有足够的自我调节能力。

二、保护孩子的好奇心，鼓励他去探索世界。

孩子从刚出生起就对周围的世界充满了好奇，有着探索的冲动。尤其是进入动作敏感期、感官敏感期的孩子，他希望通过自己的方式感受世界的美妙。

家长不要因为担心孩子会弄脏衣服，或弄乱家里的摆设而限制他的自由。相反，家长要对他的探索行为给予鼓励。

如果教育得当，到了上中小学时，孩子就会变得兴趣广泛，乐于尝试新鲜事物。这时，家长就能进一步发掘他身上的潜能，发现他的优势，培养他的爱好，这对他未来的人生方向会起到重要的影响。

三、让孩子在做事中拥有成就感。

孩子之所以能坚持不懈，很多时候是做事的成功体验让他着迷——他喜欢完成事情之后受到父母的称赞、别人的仰慕，甚至是自我欣赏的满足。

所以，孩子的每个进步都需要得到及时的发现和肯定，家长对他的表扬，都是他成就感的来源。

四、让孩子自己承担相应的职责。

许多孩子敢于面对挑战，就是因为他有承担失败的勇气。也就是说，这种勇气都是在自我承担中获得的。

很多家长对孩子溺爱和事事包办，让他在成功的道路上走得太顺，直至他摔个"大跟头"不肯起来时，家长才知道自己对孩子过度溺爱让他丧失了承担的能力。

所以，家长要在现实生活中让孩子学会自己做事，并学会自我承担。比如，让他自己定闹钟起床，自己处理与小伙伴的矛盾，自己去验证自己的想法，等等。

在培养孩子抗挫折能力的过程中，家长不要走进一个误区：觉得培养孩子的抗挫折能力就是让他多经历失败，或让他过早地承受压力，甚至让他去挑战超出能力范围的事。

要知道，忽视孩子的心理承受能力，而一味地给他挫折感，会造成他的心理伤害。

心理学上有一种"习得性无助"现象，是指有些人在经历了太多的挫折和失败后丧失了信心，变得自暴自弃。如果家长这样做，不仅不利于孩子抗挫感的培养，反而有可能让他变得更加脆弱和自卑。

6.不要怕孩子淘气，要保护他的自尊心

瑞瑞今年6岁了，在家里特别顽皮。有一次，舅舅带表妹来家里玩，同时还带来了几个石榴。

瑞瑞和表妹在吃石榴时，发现石榴汁水很多，就找来蒜臼子砸起了石榴，结果把表妹的新裙子弄脏了。

妈妈发现后，狠狠地训了瑞瑞一顿，觉得儿子一点当哥哥的样子都没有，就知道调皮、胡闹。

处于各项敏感期的孩子，活泼好动，对很多事物充满好奇。

有时候，孩子做错事或弄坏东西都是在所难免的，家长不要总是数落他不听话，或者告诫他这个不能动、那个不能动的。

家长这样做，不但有损孩子探索世界的积极性，也会打击、伤害他的自信心和自尊心。

在孩子成长的特殊时期，不要怕他淘气而添的麻烦，要多考虑怎样做有益于他的心理成长。

这是因为，孩子的心理健康是建立在合理需要基础上的，等他的愿望得到满足后，他在情绪和社会化等方面所表现出来的就会是一种良好的心理状态。

同时，家长也要克制自己简单粗暴的教育方式。如果想让孩子不去玩某样东西，要用转移注意力的方式把他的兴趣转移开。

7. 多一些陪伴，用倾听走进孩子的内心

处于各项敏感期的孩子，有时在大人眼里是淘气且不可理喻的。他可能会说脏话、打架，跟家长拧着来；他也可能前一秒钟是天使，后一秒就变成了恶魔。

那么，作为家长，要怎样做才能读懂孩子的内心呢？

康康刚上一年级，活泼好动的他虽然很聪明，但学习成绩一般，好多事经常与父母对着干。

期末考试结束后，康康的成绩不太理想。他闷闷不乐地回到家里，看到妈妈正在厨房做饭，便坐在客厅里看起了电视。

妈妈走过来啪的一声把电视关了，问道："儿子，这次考得怎么样？"

还没等康康开口，妈妈就开始数落他："唉，妈妈知道问你也是白问，肯定不好呗。平时看你做的那些事就知道，每天不是玩游戏就是看电视，从来也不主动学习，真不知道你是怎么想的！"

康康刚想开口辩驳，妈妈又是一顿数落。于是，康康干脆保持

沉默，也不认真听妈妈说话。

妈妈自顾自地唠叨了一会儿后，竟然又说："我这样说，你怎么一点反应也没有啊，这熊孩子！"

生活中，这样的家长不在少数。

很多家长经常会有这样的抱怨："孩子现在大了，什么事都不愿跟我讲。"而孩子却诉苦："爸爸妈妈不理解我的想法和需要，他们每次对我说的时候就说个没完没了，可是我想说的时候，他们却心不在焉。"

有位教育名家说："多蹲下来听孩子说话，你看到的将是一个纯真无邪的世界。"也就是说，家长只有放下大人的架子，才能真正了解孩子的心理需求，也才能真正了解他的内心世界。

孩子有着自己的喜怒哀乐，也会面临各种各样的困惑和难题。当他遇到了不开心的事，很希望找个人来诉说。如果家长在这时候能倾听孩子的诉说，无疑能增强自己对孩子的了解，更有利于建立良好的亲子关系。

许多家长对突然发脾气的孩子不知所措，甚至会给他的情绪火上浇油，不问青红皂白地责备他，从而导致了恶性沟通。

在良好的亲子关系中，倾听不是一种被动的沟通，而是能让孩子及时宣泄自己的情绪，发表自己的感触。对于孩子的所感所说，尤其是他在情绪不好时发表的一些极端看法，家长不要急于去纠正，而要以宽容、开放的态度表示理解。

如果家长能认真倾听孩子的苦恼和想法，那对于他来说是一种尊重。他体会到了尊重的同时，便会认真地听取家长的指导和意见，这样，良好的沟通效果就达到了。

倾听，表面上看是一件非常简单的事，实际做起来却非常复杂。许多父母认为，倾听还不容易，就是听孩子说话呗。没错，倾听就是听孩子说话，但怎样听才能更有效呢？

一、"蹲"下来听孩子说。

家长要想走进孩子的内心世界，就要放下居高临下的姿态，"蹲"下来认真地听他说说心里话。家长如果高高在上，孩子不会完全敞开心扉把自己的所感所想说出来。

浩然是五年级学生，他就很讨厌跟妈妈说话，因为他觉得妈妈没有把他当成一个平等的对话者。

一次，浩然想报名参加学校组织的足球兴趣班。

妈妈听后便说："练足球肯定会影响学习的，不行！"过后她还一再强调，"足球不是小升初考试的科目，不需要学。"

浩然几次想解释，都被妈妈"不可侵犯"的语气吓回来了。于是，他一次又一次选择了沉默。之后，消极情绪影响着他，他的学习，成绩也一日不如一日了。

家长应该"蹲"下来认真听孩子说话，即使他做的事真的不对，也不能急于责备，而应该认真地询问背后的原因，让他打开心扉。家长高高在上的态度和不容侵犯的权威，只会让孩子不敢说出心里话。

二、让孩子知道你想听。

父母是孩子最想依靠的人，当他遇到不开心的事时也最想向父母倾诉，但此时父母却极有可能这样回答："我知道你想说什么，这件事情应该怎么怎么样……"

事实上，父母了解的可能只是某件事的发生，却不了解孩子对这件事的想法。

淘淘今年5岁，有一次，她在幼儿园里被老师误会上课时打扰了其他同学，放学后心情很不好。其实，妈妈从老师那里得知了这件事，看到淘淘很沮丧，便故意问她："淘淘，有什么烦恼的事告诉妈妈，或许妈妈可以帮助你。"

于是，淘淘就把整件事的原委告诉了妈妈："当时，我是把画画的纸弄掉了，弯腰去桌子底下捡。有个同学看到了也去捡，而且捡了不给我，我才去跟他抢的，老师却只说我……"

妈妈听后便安慰淘淘，并让她理解老师在当时不知道实际情况下的做法。

淘淘的心里舒服多了。

当孩子遇到不开心的事，渴望得到别人倾听时，家长就要通过各种途径告诉他："我想听。"而且，在倾听的过程中，还要及时对他的想法表示肯定，例如说："妈妈跟你想的一样啊！"

三、要善于使用身体语言。

在人与人的沟通中，身体语言占有很大的比例。所以，善于使用身体语言，能使交流事半功倍。而在倾听中，最常用、最简便的身体语言就是微笑、点头和身体前倾。

家长需要注意的是，做这些动作时要适时、适度，神情专注。若你只是机械地、随便地做出身体动作，或者眼神飘移，孩子很快就会发现你心不在焉，从而影响他的倾诉。

德国教育学家卡尔·威特说："倾听是一种重要的沟通方式，不会倾听孩子心声的父母永远无法走进孩子的内心，父母对孩子进行的教育也是盲目和无效果的。"

改善亲子关系，从倾听开始。

8. 尊重孩子的选择权，培养他独立的人格

朵朵每天上幼儿园前，总要自己挑选衣服并搭配。

一开始，妈妈还觉得女儿挺爱美的，任由她自己来做。后来，妈妈觉得太麻烦，不管朵朵说什么，总会按照自己的想法给她打扮。

因为一心想把女儿培养成画家，妈妈给她报了美术培训班。可朵朵对画画不感兴趣，非要去学围棋。

妈妈觉得女儿这么小就不听话，长大后就更管不了了，她为此十分发愁。

　　在生活中，很多专制型家长总是喜欢以爱孩子为名，剥夺他自己做主选择生活方式的权利。其实，从某种程度上讲，这也是家长的控制欲在作祟。

　　由于成长环境与先天遗传因素的不同，每个孩子都有自己的兴趣爱好。但是，家长喜欢按照自己的标准去要求孩子，硬要他做自己不喜欢的事，这样就变成了"强扭的瓜不甜"，效果适得其反。

　　人为地去控制或强行塑造孩子，剥夺他的选择权，不仅不会取得良好的教育效果，还会带给他心理上的伤害。

　　一般来说，孩子会在 1.5 ～ 3 岁进入自我意识敏感期，这时的孩子自我意识比较强，他喜欢强调"我的"，爱说"不"，第一次真正地意识到了自己是一个独立的个体。

　　所以，这一阶段的孩子最想做的就是体验，对自主的意识和自我的物权都非常敏感，通过强调自身的权利来体验作为个体所具有的力量。

　　自我意识敏感期是孩子构建人格最早期的映射，他未来要成为什么样的人，内心是不是很强大，都源于自我意识敏感期。

　　身为家长，要学会尊重孩子的自主选择权与物权，因为他终归要离开父母去开拓更广阔的发展空间。如果他从小就没有选择权，从未体验过选择的滋味，长大后可能会难以选择适合自己的发展道路，难以迎接各方面的挑战和竞争。

　　因此，当孩子进入自我意识敏感期，有了自己的主见，家长一定要给予他积极的支持，并且鼓励他对自己的选择负责。即使他最后失败了，对他来说，这也是难得的经验积累。

那么，家长要怎样做才能把选择的权利还给孩子呢？

一、孩子的选择意识需要家长细心培养，不要管得过细。

孩子并不是天生就懂得如何选择，需要家长在日常生活中有意地教育和培养。家长要经常给他制造一些选择的机会，比如，让孩子自己选择哪一门兴趣课，暑假到哪儿去旅游。这样，就会让他渐渐形成自己做主的意识。

家长不要包办孩子的一切事务，不要认为只要是他的事就是自己责任范围内的事。他的路是要靠自己去走的，父母不可能伴随他一辈子，所以应该多给他一些自由发展的空间。

二、让孩子在体验中成长，不因噎废食。

当孩子面对难题的时候，家长不要给他太多的建议，而是让他自己去体验、比较，在几种结果中确定自己的选择。

当然，孩子在自主选择时，因为社会知识和生活经验不足，难免会出现一些偏差，这时家长切忌"因噎废食"，就此剥夺他选择的权利。

家长要明白这样两个道理：第一，只有经过不断的尝试，才能提高判断力和选择能力；第二，选择和责任是相辅相成的，责任感是在自我选择中形成的。

如果家长不给孩子选择的权利，只是让他被动地接受，那么，他也就不会产生任何责任感。缺乏责任感的孩子，显然不会得到更好的发展。

因此，家长要利用孩子的自我意识敏感期，尊重他，还给他自主选择的权利，让他自己不断地磨炼克服困难、战胜困难的顽强意志，还有遇事冷静、有主见的良好心理素质。这样，他才能学会担当，早日独立。

随着年龄和阅历的增长，孩子会慢慢学会自己思考、选择、决策。当他对某一事物提出自己的见解时，说明他正在用自己的视角审视世界。

世界绝不仅仅是大人看到的样子，简单粗暴地否决孩子的看法，不但会让他失去认识世界的另一种可能，也无疑会伤害他的自尊心和自信心，破坏他独立思考的能力。

培养孩子的独立人格，不妨从尊重他的话语权和选择权开始。

9.给予孩子自由表达的机会，培养他的想象力

在周围人的眼里，小飞一直是个非常有想象力的孩子。

走在刚下完雨的路上，看见地上的水泡，小飞会说："妈妈，我觉得那些泡泡好像星星啊，我们好像走在银河系里。"

走在林荫道里，抬眼看见满眼的绿树，小飞会说："我们好像走在海藻林里，那些树叶好像青蛙的脚印。"

很多教育专家喜欢把创造力和想象力比作"点石成金"的技术，这就鼓励家长：如果没有能力给孩子金块，那么就教给他"点石成金"的功夫！

的确，创造力和想象力能化腐朽为神奇。未来社会需要创造型人才，要想成为这样的人，就必须具备创新精神和创造性解决问题的能力。

家庭是培养孩子创造力和想象力的摇篮，家长作为孩子的第一任老师，对他创造力和想象力的培养肩负着重要的使命。

3～6岁是孩子各类敏感期的爆发期，家长要充分利用这一时期，激发孩子的想象力和创造力。

阅读敏感期是智力发展的关键时期，家长要帮助孩子选择那些有丰富多彩图片的书籍。对孩子来说，文字内容并不重要，要尽可能让他根据图片自己来编故事，有助于激发他的想象力。

根据故事结尾再续编一个新故事，或朗读儿歌做出相应的动作，是创造力的高标准体现。处于语言敏感期的孩子都喜欢听故事，他在听故事的过程中，通过词语的描绘会联想到相应的形象与活动。

发展儿童的创造力、想象力，讲故事时要注意培养他续编故事结尾的习惯，经常来一个"且听下回分解"。比如：他怎么样了？后来又发生了什么事？引导孩子展开想象，从多角度进行续编。就如诗人歌德的母亲，自歌德2岁起就对他有意识地进行这方面的培养，这对他以后成为一名伟大的诗人、作家有很大的影响。

　　培养孩子的创造力，还可以通过自编自演的方式进行。例如，邀请邻居的孩子或同学一起举行诗歌朗诵，或是把故事分成若干个角色进行童话剧的演出。

　　在表演过程中，家长还可以跟孩子一起自制简单的道具和服装，从而激发他的想象力、创造力。

　　著名的儿童心理学家陈鹤琴先生说："儿童本性中潜藏着强烈的创造欲望，只要我们在教育中注意引导，并放手让儿童实践探索，就会培养出创造能力，使儿童最终成为出类拔萃符合时代要求的人才。"

　　孩子的创造力与大人是不同的，因为每个孩子都是天才的创造者。当你看到孩子把新买来的玩具拆开来东看看西看看，说要研究一下时；当他揪着一个问题打破砂锅问到底时；当他仰望星空自言自语时……这些都是孩子创造火花的闪现。

　　在家庭中，培养孩子的创造性思维要从身边的一些小事做起。比如，在阳台上种植花草或一些简单的蔬菜，家里还可以养只小动物让孩子观察，引导他学会有目的地、多角度地思考问题。

　　家长要帮助处于人际关系敏感期的孩子自办家庭小宴会，鼓励他邀请邻居家的孩子或同学来家里玩。房间的布置、装饰和美化，都由他自己设计；招待饭菜、水果也由他自己去超市选购；然后他跟妈妈一起下厨，并给妈妈做的菜肴起艺术性名称。

　　通过小宴会，孩子学会了交际礼仪和生活技能，同时也培养了他的创造性思维能力。

当孩子处于绘画敏感期时，家长要支持他在家里办画廊。还要为他提供"作品墙"，让他把自己的作品展示出来，可以是摄影照片，或是手工作品，收集的汽车、飞机模型等。通过这种方式，激发他的创作欲望。

其实，涂鸦的背后是孩子巨大的想象力和艺术天赋，家长不要用像与不像来评价他的作品。对他来讲，想象力要比绘画技巧重要得多。

创造力是建立在丰富的知识、技能、经验基础之上的，一些必须的知识和技能是创造的基础，父母需要教给孩子。

家长要通过各种活动丰富孩子的生活，开阔他的视野。比如，多带他到大自然中观赏各种花草树木，区分它们的异同，了解它们与环境的关系；观察不同的动物，分辨它们的外形特征和生活习性；采集种子，捕捉昆虫，然后制作标本……

总之，要从各种渠道、各个方面充实孩子的日常生活，为他积累知识经验，为他创造力的萌发奠定良好的物质基础。

处于动作敏感期的孩子，要给他动手操作的机会，不管是玩橡皮泥、沙土，还是涂鸦、描色，这些活动都必不可少。同时，也要让他集中精力做事，精力越集中，创造力就越强——不妨让他多做手工活，如搭积木、拼图等。

在家庭中，对儿童进行创造力的培养，内涵是极为丰富的。家长需要给予孩子自由表达的机会，引导他大胆地想象和创作，鼓励他突破模式，充分发挥创造力，丰富他的精神世界。

第 十 章
捕捉敏感期，培养孩子的高情商

1. 培养高情商，从引导孩子好好说话开始

娜娜有一件心爱的红裙子，她一穿上就不想换下来。这一次，她不顾妈妈的反对，一连穿了三天。

晚上，妈妈趁娜娜睡觉时把红裙子给洗了。没想到，第二天早晨起来，娜娜又要求穿红裙子，于是就有了争吵。

"我还是想穿那件红裙子。"

"你又来了！"妈妈语气严厉，"我昨天晚上把那件裙子给洗了，现在还湿着呢！"

"我不管，我就是要穿！"

"不能穿！"

"为什么？"

"你不能穿湿裙子，对身体不好。这就是原因。"妈妈的态度很坚决。

娜娜突然轻声对妈妈说："妈妈，我非常想穿那件红裙子，那是我的最爱，你能想办法让它快点干吗？"

妈妈惊讶和感动于娜娜的变化，于是，两人一起想出了用熨斗快速地把红裙子熨干的办法。

上学时，娜娜又穿上了自己心爱的红裙子，高兴地一边走，一边唱起了歌。

有一种说法认为，3～6岁是孩子情商培养的关键期。因为，在孩子经历各种敏感期激荡冲突的时候，抓住机会进行情商教育能够取得事半功倍的效果。

生活中，对孩子来说，学会好好说话，能清晰表达自己的想法，周围的人才能听明白，这是他们情商高的一个表现。

绘本《鲍比怎么说，妈妈才会听》中的故事，也许会给家长一些启发：

"艾比，我生气了"

鲍比下楼就看见妹妹艾比在用自己心爱的画笔，于是，他瞬间就发火了。艾比也不示弱，两人争吵了起来。

书中交给鲍比的方法是："告诉艾比你的感受，告诉她不喜欢什么，和你希望她怎么做。"

于是，鲍比这样说："艾比，我生气了，我不喜欢你拿我的笔，我希望你用我的东西之前能先问我一声。"

艾比听鲍比这么说，就欣然接受了。

"别走，山姆"

山姆是鲍比的好朋友，他们经常一起玩。这一天，山姆来找鲍比玩，他们拿出插片准备拼搭一个很棒的东西，可谁知，他们因为到底是拼搭太空船还是摩天大楼发生了争吵。

吵到最后，山姆都要生气地走了。

这时，书里交给鲍比一个折中的办法。鲍比说："山姆，等等，别走，我们可以两个都搭，搭一个摩天大楼，再搭一个太空船。"并且，他同意先搭山姆提议的摩天大楼。

接着，两个小伙伴在一起玩得非常开心。

这些都是生活中的小事，也是每个孩子都会遇到的。如果家长指引有方、处理得当，孩子就会学会如何表达自己的情绪和需求，学会如何妥协和合作。

更重要的是，通过这样的良性互动，孩子能收获和谐的人际关系，以及提高对自己情绪、言语和行为的控制力，最终提高情商。

2. 帮助孩子辨识、管理自己的情绪

晚上睡觉前，5 岁的童童伤心地对妈妈说："我的小熊玩具弄丢了。"

妈妈回应道："那不过是一只玩具熊而已。"

童童听后，更加伤心地哭了起来。

妈妈有些不耐烦地说："我们再去买一只新的不就行了？"

童童还是很伤心，说："我不要再买新的，就要原来的那个。"

妈妈训斥道："都丢了，到哪里去找？别再无理取闹了，谁让

你自己不小心的，怪谁？"

童童哭得更凶了。

家长觉得孩子在无理取闹，其实，这是因为没有识别他的情绪和需求。大人虽然努力压制住了心中的怒火，但孩子的心中也是不愉快的。作为家长，帮助孩子辨识、管理自己的情绪是一门功课。

培养孩子的高情商，首先就要帮助他辨识自己的情绪，尤其是处于情绪敏感期的孩子，他更需要家长多一份耐心。

如果孩子放学回来告诉你："今天在学校有同学打我。"

作为父母，这时的反应可能会是以下几种：

"这种小事别放在心上。"

"你也要教训他，你有没有打回去？"

"我现在很忙，晚点再说。"

"你还好吗？有同学打你，所以你觉得很委屈？"

重视孩子情商的家长，态度会是最后一种。

情商高的人的基本功，就是能察觉自己的情绪状态，并很快地了解到产生这种情绪的原因。因此，假如在这种情况下，父母要先帮助孩子辨识他的情绪状态。

帮助孩子辨认自己的情绪状态，能让他明白接下来要处理的是自己的情绪，而不是"对方"。

也就是说，孩子现在真正要做的，不是因为自己感到委屈而找对方理论，而是要意识到真正的困扰是自己的情绪反应。那么，他随后该努力做的，就是如何调整情绪做出合适的反应。

德国漫画家卜劳恩的名作《父与子》中，有组经典的《孩子吵架大人闹》的画面。

漫画里，儿子跟小伙伴打架后，儿子哭着找爸爸诉苦，爸爸就拉着儿子跟对方的家长理论。两位父亲越吵越火，最后打了起来，而两个孩子却在一旁静静地观战。后来，爸爸们的战况更加激烈，两个小朋友却已经和好如初，在一起玩游戏了。

这组漫画给了我们一个启示：孩子究竟需要我们帮助解决的问题是什么？

就像电视节目《妈妈是超人》中，一位妈妈看到自己的两个儿子吵架、闹情绪，她淡定地开着车，不管不问。但是，兄弟俩为什么很快就和好了呢？

原来，人和人之间的沟通70%是情绪，30%是内容——如果沟通情绪不对，那么内容就会扭曲。所以，沟通之前，情绪层面一定要梳理好，否则误会只会越来越深。

当孩子不被情绪困扰和影响的时候，他才能更好地发展自己的社会化功能，而社会化功能好的孩子，情商通常都很高。

孩子容易受到大人的情绪影响，我们经常可以看到这样的画面：当孩子摔倒了，旁边的大人一惊一乍地发出惊叫声："哎哟！""啊！""怎么样？"

孩子也许只是一时没走稳摔倒了，原本他并不觉得疼痛，但是，受到了大人的这种影响和暗示，他就会哇哇大哭起来，甚至会以为发生了什么严重的、可怕的事。

此时，如果旁边的家长只是微笑着问孩子："摔疼了吗？"孩子看到父母稳稳地站在旁边，他也会感到安全。他无论是否摔疼了，他都会知道自己只是摔了一跤，没什么大不了，也就不会被恐惧的情绪所困扰。

培养一个高情商的孩子，需要家长少介入他的行为，除非他的行为可能会伤害自己或他人。当他跟同伴交往时，家长可以在旁边安静地陪伴，这样，他就不会被不安的情绪困扰和影响，他才能更好地发展自己的社会化功能。

想象一下，上述案例中童童和妈妈关于丢玩具的对话假如是下面这样，效果肯定会很好——

童童："妈妈，我的玩具小熊弄丢了。"

妈妈："我真的替你难过，你一定很伤心，对吗？"

童童："是的，我一直很喜欢它，它对我来说很特别。"

妈妈："我知道，那么多玩具里面你最爱它了。"

童童："它一直跟我在一起。"

妈妈："我知道。所以，你下次一定要小心，那样就不会把心爱的玩具弄丢了。来，让妈妈抱抱你。"

3.换种方式说话，帮助孩子树立自信

一位妈妈第一次参加家长会时，老师说："你的儿子有多动症，在凳子上连三分钟都坐不了。"

回家路上，儿子问妈妈："老师说了什么？"

"老师表扬了你，说你原来在凳子上坐不了一分钟，现在能够坐三分钟了。别的家长都特别羡慕妈妈，因为全班只有你进步了。"

妈妈说这话的时候，鼻子一酸，差一点落泪。

那天晚上，儿子破天荒地吃了两碗饭。

第二次开家长会时，老师对妈妈说："全班50名同学里，这次数学考试你儿子的成绩排在49名，我怀疑他的智力有问题，你最好带他到医院看一下。"

回家路上，妈妈哭了。但是，回到家里，看到诚惶诚恐的儿子时，她振作了一下精神，说："老师对你充满了信心，说你并不是一个笨孩子，只要你能够再细心一些就会超过你的同桌。"说这些话时，她发现儿子本来暗淡的眼神一下子亮了。

第二天上学，儿子比平时起得都早。

孩子上了初中，又一次开家长会，老师告诉妈妈："从你儿子

的成绩来看，考重点中学有点危险。"

妈妈回家后，这样告诉儿子："班主任对你非常满意，说只要你继续努力，就有希望考上重点中学。"

高考结束后，儿子把名牌大学的录取通知书拿给妈妈看，边哭边说："妈妈，我一直都知道自己不是个聪明的孩子，是您一直在鼓励我……"

这时，妈妈也哭了。

自信是情商的基石。自信的孩子拥有良好的抗挫折及抗压能力，并在人际关系上也会得心应手。比如，在面对别人的恶意攻击时能沉稳以对。对缺乏自信的孩子来说，他对自己的每一点进步都非常在乎，渴望得到大人的肯定。

事实上，家长的评价对孩子的自信有直接的影响。因此，家长如果平时只是批评而极少给予孩子表扬，就会在不知不觉中给他塑造了不好的自我形象。

需要特别提醒家长的是，有些优点不该是孩子跟别人比较的成果，而是他本身具有的特质。

比如，孩子很有爱心，对人很好；孩子很有礼貌，会主动跟人打招呼……这些人格特质都很不错，但并非每次都要建立在"比较"之上。

相反，如果要称赞孩子的学习表现，"学习很认真、负责，会自我督促"，这就会是更好的理由。多鼓励和肯定孩子，让他有自信，会让他的情商大幅度地提高。

智商与遗传的关系很大，但情商主要是通过后天培养的，其中，3～12岁是情商培养的关键期。情商教育能影响孩子的一生，家长务必要重视。

一个情商高的孩子是活跃并有创造力的，是具有获取成功和幸福的能力的，是不怕失败的。这才是真正能让孩子享用一生的财富。

家长若能积极地对孩子进行情商教育，培养他良好的情商能力，就能让他的心理免疫力大大增强，从而得以应付学习和生活中的低潮与挑战，让他有能力去经营一个成功与快乐并存的美好人生。

4.尊重孩子的发展，给他充分的自由

当孩子处在敏感期时，如果家长从自己的意愿出发，为他增加一些不必要的约束，使他不能自由地发展，那么，他的敏感期也许就会过早地结束。而这样一来，他的心理需求可能就得不到满足，与之相应的能力也就无法及时得到锻炼与提高。

举例来说，生活中有很多家长最看不得孩子爬上爬下的，一旦他想要爬高，家长就会立刻把他紧紧地抱在怀里，并不断给他讲述

爬高的危险性。

但这样做真的好吗？答案显然是否定的。因为，孩子最终被剥夺了探索空间的行动自由。

一位妈妈说："我儿子在3岁时开始喜欢爬上爬下，喜欢踩着马路牙子走，喜欢一级一级地蹦跳上下楼梯。他还爱上了捉迷藏的游戏，经常躲在窗帘后面、书桌底下、衣柜里面。

"其实，一开始我总心惊肉跳的，生怕儿子一不小心摔着了、碰着了，我也无数次地想跟在他后面说'不'，但最终还是忍住了。因为，我觉得如果我那样做了，无形中他的自由与发展空间也就被束缚了。记得有本书上说，这样的表现，代表孩子进入了空间探索的敏感期，我相信孩子所有的行为都是他的自我发展与锻炼。"

这位妈妈的做法是明智的。

处在敏感期的孩子的许多行为，在我们看来也许是怪异的、幼稚的，甚至是毫无道理的，但孩子能够从中获得满足感，这是他内心的一种需求。而且，从某种角度来说，敏感期不仅仅是孩子内心发展的需要，更是自我提升的一种需要。

其实，2岁左右的孩子就开始进入了空间敏感期，喜欢拉着家长的手上上下下地走台阶，去游乐场里玩滑梯也会努力地往上爬……不仅如此，他还喜欢钻到柜子里、桌子下再跑出来，如此反复；玩积木也不喜欢一层一层好好搭，偏要搭几层就推倒重来。

在这其间，家长难免担心孩子摔着、磕着，每时每刻会守在他身边，所以，带孩子这项任务比以前辛苦了不少。

孩子在这个时期开始建立起空间的概念，用身体感知空间的大小、高低和远近，他通过跳来跳去、爬上爬下、钻进钻出来获取信息，发展他的空间智能。

这时，家长的态度不仅会影响孩子的发展，对他安全感的建立也有很大的影响。所以，家长口头上要少用"不"来限制孩子的活动，提供好相对安全的环境，再做到眼到、手到、少唠叨，让他放心、大胆地挑战自己。

同样，在孩子频繁说"不"的自我意识敏感期，他开始变得不听话了，不管大人说什么他都会回一句："不吃饭！""不洗澡！""不睡觉！"这些话分分钟能点燃家长愤怒的火焰。

不仅如此，这时孩子还很"吝啬"，自己的玩具、零食等绝不愿分享给其他小朋友。这些都是孩子自我意识发展的标志，因为，通过占有物品来区分自己和别人，宣告了那个玩具是"我"的他才会安心。同时，他也会通过反抗、说"不"来表现自己在长大。

如果家长习惯用命令的口吻跟孩子沟通，这时就要注意改正了，在这个阶段若使用命令性话语，只会让家长遭受到更多个"不"的反击。

不如尝试着用选择性问句的方式跟孩子沟通。比如，家长可以这样说："宝贝起床了，穿粉色的裙子还是穿红色的裙子呢？""宝贝口渴了，吃苹果还是吃梨呢？"而不是那样说："宝贝起床了，咱们穿衣服好不好？""宝贝口渴了，来吃水果吧！"

这样给孩子一个自主选择的权利，能给亲子交流除掉不少障

碍。相比其他敏感期，秩序敏感期显得更让家长苦恼——根本不知道哪一步没按孩子的想法来做，就引起他的一阵哭闹。

因为，这时的孩子对规则和顺序极为敏感，他想让一切按正常秩序进行，而家长不会特别清楚他眼中的正常秩序是怎样的，难免会触犯到他维护的"秩序"。

这时，耐住性子听听孩子说什么，把秩序努力恢复到他熟悉的样子就行了。如果非要做出改变，比如，以前是奶奶送他去上学，今天要换成爷爷，那就提前跟他沟通说明原因，这样他更容易接受。

不过，秩序敏感期带来的可不只是苦恼，如果家长在秩序敏感期培养孩子做家务活会事半功倍。这时，教孩子把玩具归类、毛巾摆整齐、鞋子摆好，并肯定他的这些行为，能帮助他很快地养成好习惯。

5.爱孩子，而不是"教"他

3岁左右时，甜甜喜欢上了涂涂画画。

看到女儿对画画很热衷，妈妈觉得她可能进入了绘画敏感期，就给她买来了简笔画等书籍，希望她能照着书上的内容画。

有一次，甜甜画了一个红色的、体形奇怪的兔子。

妈妈看到后，拿过画笔自己画了几笔，然后告诉甜甜："这才是兔子呢，兔子一般都是白色的，哪有红色的兔子呀？"

　　后来，只要甜甜画什么画得不像，妈妈就会教她，直到她画得像为止。

　　生活中，很多家长都在为"教"孩子而尽力。

　　教孩子，我们都在用大人的主见强行让他照着去做。我们鼓励他，用各种方法暗示他、教他应该怎样怎样，却没有意识到，从某种程度上讲，这种"教"其实就是在奴役孩子。

　　敏感期的儿童处于直接经验时期，所有的经验来自他自己。如果他在生活中产生了自己的经验，那他就是自己的主人——但现实是，我们认为某种经验好，就会强迫他接受。

　　大多数孩子经过这种强制后，他就跳不出家长给他设的框框了，这就是所谓的"画地为牢"。

　　当孩子的心理和意志具备了发展的内在条件时，他就有了追求独立的冲动。这时，家长通常是怎么做的呢？

　　比如说，一个2岁的孩子，他要自己用勺子吃饭，舀上、舀不上他都要自己舀，结果弄得满桌狼藉。其实，孩子是在学习独立——比如学习吃饭这个独立能力。但是，大多数父母在这时最喜欢做的是喂饭，这样家里不会被弄脏。很明显，这就剥夺了儿童学习独立性的权利。

　　蒙台梭利说："我们必须把我们的后代造就成为强有力的人，也就是我们所说的独立和自由的人。"

这个"自由"不是指条件，而是一种品质。有了这样的品质，我们才能作为一个人独立而存在，才不会在思想和意志上丧失做人的权利，才不会受奴役。

儿童的成长不管是在身体上还是在思维上，都是一个趋向于独立的过程，他会沿着这条路不停地走。他为着自己的独立会冒很多险，并进行各种探索。到了 20 ～ 30 岁的时候，他就能获得完全的独立，并真正地懂得奉献。

在这个过程中，如果家长阻止了他，那么他就没有了自由，也就没有了独立。没有自由，没有独立，也就没有了真正的生存能力、学习能力、发展能力。

每个人都会依据自己的独立程度来行使自由的权利，而这一切又基于一个条件。那这个条件是什么呢？就是当他还是孩子的时候，父母给予他的爱和自由是一环连着一环的。

这说明，有时我们的"教"既奴役了孩子，使他失去了创造力，又不知把他"教"到哪里去了。

前面讲的这种剥夺，比较容易理解。实际上，还有另外一种剥夺，那就是剥夺儿童在思想上的独立。这种剥夺将使他的思想失去自由，那就必然会导致他被奴役的状态。

家长只有用爱、用一种巨大的宽容和理解，给孩子发展的基本权利，才能让他经过自由走向独立。

6.培养幽默感，提升孩子的人际交往能力

对孩子来说，幽默感能提升他的人际交往能力。有幽默感的孩子，比较容易被同伴接受，而且更容易被别人的幽默感染。因此，具有幽默感的孩子，在人际交往中通常会比较成功。

儿童心理专家劳伦斯·沙皮罗认为，与其他情商技能一样，幽默感的发育在婴儿出生的最初几个星期就开始了。

所以，许多家长都认为，幽默感是天生的。其实不然，幽默感也可以通过后天培养而成。在积极心理学中，幽默感是"超越自我"的品质之一。因为，幽默是一种人生态度，也是一种人生智慧。

拥有良好的幽默感，更是个人综合能力的展现，既能加强人们与世界的联系，也会让生命更加有意义。家长要结合孩子发展的不同阶段，采用不同的方法培养他的幽默感。

尽管，蹒跚学步的幼儿与十几岁的青少年对幽默的定义不同，但在任何阶段，家长都能培养孩子的幽默感。

在孩子的每个阶段，家长需要有针对性地开发、培养他的幽默感，很重要的一点在于，帮助他认识到什么能让他更开心。

这主要表现在以下几个阶段：

一、婴儿时期。

婴儿不懂何为幽默，但是，当父母以及身边的人表现出快乐、开心而露出笑容时，他是知道的。当父母向他发出卡通、搞怪的声音和表情，然后大笑或微笑时，他能感觉到父母的情绪，并且会去模仿。

二、学龄前儿童。

处于这个时期的孩子，通常对不规则或者稍显混乱的图片感兴趣。同时，他会渐渐意识到身体功能，会乐于享受与父母的互动幽默。

三、学龄孩子。

从孩子进入幼儿园起，基本的文字游戏、夸张的表演，他都会觉得很好玩。他开始接触简单的笑话，并且去重复。这个年龄的孩子，也开始对幽默产生微妙的理解，包括自嘲的方式。

如果家长经常讲幽默的话，孩子自然能够模仿，也会逐渐变得幽默起来。家长平时要多给孩子讲幽默故事、脑筋急转弯等，培养他的思维敏捷性，丰富他的词汇。

幽默感有先天的成分，不过后天的培养更重要。孩子是父母生命的延续，是父母最真实的镜子，潜移默化中，父母的许多特点在孩子身上都会得到再现。所以，要培养孩子的幽默感，父母首先要审视自己是否也有幽默感，最起码要能欣赏幽默。

家长为孩子树立幽默的榜样，是鼓励他培养幽默感最好的一种方式。比如，讲有趣的故事，通过轻松诙谐的方式处理眼前的小麻烦等。

创建富有幽默感的环境，包括为孩子准备有趣的读物，分别按他的年龄层来计划学习图画书籍与歌谣。

对于进入阅读敏感期和绘画敏感期的孩子，无论他阅读或是画画的时候，鼓励他尝试幽默的风格很重要。当他试着通过有趣、形象的方式来展现时，要给予他肯定与称赞。

孩子带给父母的第一次笑容，是最值得感恩的惊喜。同时，家长也要注意，鼓励孩子培养幽默感绝不等同于让他说下流话或诋毁别人的话。所以，在他接触不良的笑话时，父母务必及时指出并制止，同时要耐心地对他进行解释。

家长还要让孩子明白，幽默也能伤人。比如，别人的种族、宗教信仰、身体残疾等，是不能用来作为幽默材料的，这会伤害对方的情感。

如果孩子在无意中开了这样的玩笑，家长千万不能支持，而是私下要郑重地与他讨论一下这个问题，引导他尊重他人。

同时，家长要根据孩子的个性特征来培养幽默感。有的孩子比较活泼，有的孩子比较内向，他们所表现出幽默感的形式也会有不同：活泼的孩子比较外露，内向的孩子比较含蓄。

不管是哪种幽默感，只要不伤害他人，都是值得鼓励的。

有人说："人生就像一场戏，能够客观地凝视自己所扮演的角色，同时以幽默的态度面对生命中的起起落落，才是成熟人格的表现。"

幽默感的培养是塑造孩子良好人格的一个重要方面，也是培养他创造力的有力基石，更是促进他人际关系和谐与人格完整的重要保证。父母要耐心地丰富孩子的内心世界，培养他的幽默感，教会他用幽默来缓解自己的压力。

7. 培养幸福感，让孩子学会爱与被爱

所谓幸福，是指有意义的快乐。爱因斯坦成功地创造了一个能发挥自己优势的工作方法，有些人能把兴趣变成自己的热爱，有些人找到了工作背后的意义感。

所有这一切，都能让你觉得，自己的工作虽然不是最成功的，但一定是更加幸福的。因为，在当今这个快速发展的时代，没有一个人会看到自己是最成功的。

幸福是一种积极的内在功能，不是因成功而产生了幸福感，而是因幸福而带来了成功感。在一个不是每个人都能成功的世界里，一定要让你的孩子拥有幸福感的能力。

显然，一个没有幸福感的家长，很难培养出有幸福感的孩子。那么，在生活中，家长要怎样做呢？

作为家长，心态是否端正，对孩子幸福感的影响非常重要。

为了工作，把孩子托付给爷爷奶奶照顾，心里却不认可这种安排；或者，虽然整天跟孩子在一起，心里却埋怨这不是自己想要的生活——这两种心态都不可取。

　　有专家指出，家长对工作和育儿有着什么样的态度，对孩子的发展来说是最重要的。只要家长有生活的热情，对自己的生活满意，那么，以此为基础，他们就能更好地扮演家长的角色。

　　尤其是对妈妈来说，如果她愿意继续自己的事业，但为了养育孩子不得不放弃事业，她就有可能产生怨气，就有可能把气撒在孩子身上，搞得他不得安宁。孩子与这样的母亲就是天天在一起，也不会得到任何的成长。

　　妈妈在家或不在家并不重要，重要的是她喜欢自己的孩子，喜欢自己的生活，觉得幸福满满。这样，孩子才能健康地成长。

　　如果妈妈认为自己的生活无聊，整天苦恼，那么，就算她整天跟孩子在一起，也不会比那些因为工作一天只能跟孩子相聚几个小时的妈妈好到哪里去。

　　只有那些对自己的选择满足、堂堂正正生活着的妈妈，才是最幸福的妈妈。

　　如果孩子有一个工作繁忙、没时间跟他交流的妈妈，很多事他都要依靠自己来解决：他心情郁闷的时候，找不到妈妈倾诉；他长时间地看电视，也没有人唠叨；甚至，没有人关心他的学习情况。

　　那么，孩子对这样的妈妈会有什么样的想法呢？

　　以《向孩子们询问》一书而闻名的盖林斯基为了寻求这个问题

的答案，采访了父母都有工作的孩子们。他要求孩子们对自己的父母做几点评价，结果发现，对孩子们来说，父母是否有工作或者是否在家并不重要，重要的是父母养育他们的方法。

孩子在质和量上，非常重视与父母在一起的时间。在吃饭、写作业、看电视等日常生活中，如果父母是共同参与的，那么，孩子对父母的评价是肯定的。而且，父母对他的关注程度越高，他的评价也越高。

所以，家长要学会追求自己幸福的理念和方法。在心理上放松，不再苛求自己，这很重要，因为只有家长幸福了，孩子才能幸福。

8. 慢养，让孩子成为更好的自己

有一天，一位年轻的妈妈在大街上对孩子又吼又叫，因为孩子的期末考试成绩不理想。孩子的姥姥在一旁自言自语："养孩子得有赶乌龟过山的耐心才行啊！"

"赶乌龟过山？那得有多大的耐心啊！"年轻妈妈仔细想了想，发现有时候还真是这个道理。

乌龟不想动的时候，你不能撇开它做别的事，你得站在一边哄着，好言相劝；

乌龟爬得慢的时候，你得不停地说好话，鼓励它一直前进；

乌龟哼哼唧唧、满腹牢骚的时候，你得装聋作哑、假装看风景；

乌龟跟你撒泼耍赖、讨价还价的时候，你心里有多大的气都得咽下，嘴角还得上扬，保持微笑。

乌龟喊腿疼，你就是医生；乌龟嚷肚子饿，你就是厨师；乌龟说闷，你就是它的伙伴……

作家龙应台有篇脍炙人口的文章，题目就说得很好：《孩子，你慢慢来》。是的，孩子就得慢慢养。慢养需要绝对的耐心，蕴含了许多宝贵的东西：爱、责任、信念、智慧、毅力以及信心等。

慢养是父母对自己的信任、对孩子的尊重，是理智的生活态度，是平常心。

慢养的最大好处是，它使生活更像生活，亲子关系更和谐。

每个孩子都是一朵花，只是开放的时间不同。当人家的花在春天开放时，你不要急，也许你家的花在夏天开；如果到了秋天还没有开，你也不要着急地踢他两脚，说不定你家的他是腊梅，开花后更动人。

所以，家长要学会慢养孩子，静待花开。

孩子的成长是一个循序渐进的过程，没有捷径可言，万不可乱走。尤其是，每个孩子敏感期的出现时间不一样，家长切不可操之过急。但是，家长对子女拔苗助长、过度施教的现象却有很多。

例如，有的家长在孩子刚说话利索的时候，便强迫他大量地背古诗、背外语单词；在他的小手还不听使唤的时候，就强迫他学

写字、学弹琴、学绘画；在他刚进幼儿园后，便强迫他学习小学语文、数学等课程；在他的课业已经不堪重负的情况下，还要给他增加课外作业量；等等。

现代教育提倡早期开发儿童的智力，但并不是说可以不顾他生理和心理的发展阶段而随意超前；现代教育也提倡通过丰富的脑刺激来促进孩子大脑的生长，但也不是说可以不顾他的接受能力而超量刺激。

过度地超前和超量都会适得其反，其结果必然是"欲速则不达"。过早和过量的施教，危害是很严重的。拔苗助长式教育的背后，其实与家长的高期望有关，家长要用心陪伴孩子成长的每一步，在教育他的过程中，最应该做的不是加法，而是减法。

9. 放下过度期待，爱孩子本来的样子

国王希望能够有一个孩子，于是，有一个小女孩的兄弟姐妹都努力地展现着自己的一切。但是，最后只有那个什么都不会的小女孩成了国王的孩子。

为什么呢？

国王说："我爱你，就是爱你本来的样子，不需要你有多么聪

明、多么能干，只要你用本来的样子，把你的时间、你的爱、你的善良给我就行了。"

这是绘本《爱你本来的样子》里的故事。显然，这位国王对孩子的爱是纯粹的、没有条件的。现实生活中，有多少家长会对孩子说"我爱你，就是爱你本来的样子"呢？

家长对孩子充满了期待，期待他做事认真、少些马虎——假如这种期待能够实现，家长便满足于培养了一个完美孩子的成就感。家长又期待孩子将来过上有尊严、自主的生活，并且很幸福——假如这些期待也能实现，家长以为自己和孩子就能远离不安和焦虑……

就这样，家长在不知不觉中把自己和孩子从"此地"带到"彼地"，那是未来的某个时刻我们所预想的。有些家长会对孩子说："你要是不听话，我就不喜欢你了。"也有些家长一心想着把孩子打造成自己心中的完美形象。

其实，很多时候，家长对孩子的期待源于自己心底的恐惧。作为家长本身，我们在成长的过程中也有很多未被满足的愿望——被爱、被认可、被关注、被呵护等，以致在亲子关系中产生了过度的要求和控制，以及过高的期待。

事实上，孩子的一切都值得家长去体会、去爱、去关注，包括一动、一笑、摔倒、爬起等，都是他价值的体现。

如果理解了这一点，孩子3岁时的敏感程度以及青春期的叛逆程度便不会那么尖锐。因为理解，因为接纳，孩子在成长中同样会

理解父母，接纳父母，包括跟自己内心的冲突。

一个被父母接纳的孩子，无论此刻他是否优秀，未来是否成才，首先他已经被父母奠定了能够幸福成长的基础。作为必须依附父母成长的孩子，什么会让他感觉到幸福呢？就是安全感、自信心、满足感……

而给予孩子这些心理满足的前提，就是家长必须能够从心底完全接纳孩子，不仅包括他的优点，重要的是能够从容地接纳他的不足。

一个从小不被接纳的人，长大以后也不会很好地接纳自己、接纳别人。

孩子的生命属于他自己，父母不能强迫他按照自己的意志去生存。父母都渴望孩子有个幸福美好的未来，但这谁也不能保证，既然如此，就让他保持自然的状态吧。

不苛求孩子有更好的表现，接纳他是什么样就是什么样，因为他只为自己而存在。只有这样，父母才能与孩子真正地连接——爱，这份连接体现出来的是可以分享彼此的喜怒哀乐，使彼此有机会照见各自的内心。

在如此的连接中，大家就会感受到彼此的接纳、包容、尊重、欣赏和一切情绪的改变。

10. 延迟满足，培养孩子的忍耐力和自制力

曾有心理学家做过这样一个实验：幼儿园老师给每个孩子一块糖，并告诉他们："现在吃，就只给一块；如果能忍一小时后再吃，可以再奖励一块。"

跟踪调查结果显示，75%的孩子忍了几分钟就开始吃起来，有15%的孩子忍了半个小时就忍不住了，只有10%的孩子忍到一个小时后才吃。继续跟踪调查这些孩子，在以后的升学、工作中，他们得到的所有成绩都跟自己的自制力成正比。这样看来，凡是能忍耐的孩子，他们的成功率大大高于那些不能忍耐的孩子。

心理学上把这称为"延迟满足"。

一个人的成就有多大，跟他能在多大程度上推迟现有欲望的满足是成正比的。人的天性里都有惰性，但一旦有了目标，就必须节制自己，不能偷懒。能够克服这种天性的人就能有所成就，这也是人们所谓的自律。

每个人在成功的路上都会遇到困难、挫折，也会遇到各种诱惑。能够战胜困难、挫折，抵制诱惑、坚持到最后的人，才真正算得上是一个成功的人。

家长要明白，孩子这种自律的能力，是需要从小就培养的。

3岁前是培养孩子自律能力一个非常重要的开始。要培养这种能力，就要从培养孩子的延迟满足开始。能做到延迟满足的孩子，就能慢慢地学会自己做主，控制自己的行为，用理智战胜情感。

延迟满足不是单纯地让孩子学会等待，也不是一味地压制他的欲望，它是一种克服当前的困难情境而力求获得长远利益的能力。

如果孩子的延迟满足能力发展不足，容易造成他性格急躁、缺乏耐心。他进入青春期后，在社交中容易羞怯、固执，遇到挫折容易心烦意乱，遇到压力容易退缩不前或不知所措。

能不能忍耐和长时间的等待，是孩子自制力强与弱的一种表现。对孩子来说，家长有求必应其实是一种"爱的毒药"，因为这剥夺了孩子自我控制能力的锻炼机会。长此以往，他就会养成一种坏习惯——只要认为对自己有利，他就会盲目行动，根本不管是非对错。而延迟满足的培养能帮孩子提高自我控制能力，学会等待、分享，更能抵抗挫折。

延迟满足能力的培养要循序渐进，要从易控制的事做起。这样，久而久之，孩子就会把它内化为自身的一种素质和能力。

培养孩子的延迟满足能力，离不开父母的鼓励。当年幼的孩子努力按照大人的要求刷新自己的纪录时，家长一定要肯定他，给予他一些小奖励，从而让他获得坚持的动力。

另外，如果孩子坚持要获得及时的满足，家长也不要勉强他刻意地坚持延迟满足。因为，对于年幼的孩子来说，自觉地控制欲望是很难的。

延迟满足能培养孩子良好的性格，是一项长期的教育工程。其中的关键是，家长平时教育孩子要有正确的认识、端正的教育态度和持之以恒的心。比如，要舍得让孩子吃苦。

这样，孩子从家庭走向学校生活才会从容自如，学习动力会更强；将来踏入社会，不管遇到任何风雨，他都能勇敢地前进。

延迟满足是一种性格，也是一种能力。

学前阶段是各类敏感期集中出现的时期，在这个阶段，给予孩子一定的引导和约束，特别是在一些情境中实现延迟满足，培养他的自我控制能力，让他学会忍耐非常重要。

而有延迟满足能力的孩子，在今后的学习中会更易成功，在未来的人生路上也会更有耐性，更易适应社会。

因此，家长不要因为爱孩子而一味地满足他，延迟满足能让他将来获得更大的成就。